DROIT ROMAIN

DES SERVITUDES DE PASSAGE

DROIT FRANÇAIS

ÉTUDE

SUR LES

SERVITUDES D'UTILITÉ PUBLIQUE

EN GÉNÉRAL

ET EN PARTICULIER SUR LES SERVITUDES ÉTABLIES PAR LA LOI ENTRE PROPRIÉTAIRES VOISINS DANS UN BUT D'INTÉRÊT PUBLIC.

THÈSE POUR LE DOCTORAT

PAR

CHARLES-PAUL-VICTOR BOUILLIER,
Avocat à la Cour d'appel.

PARIS

A. PARENT, IMPRIMEUR DE LA FACULTÉ DE MÉDECINE,
RUE MONSIEUR-LE-PRINCE, 31.

1873

DROIT ROMAIN

DES SERVITUDES DE PASSAGE

DROIT FRANÇAIS

ÉTUDE

SUR LES

SERVITUDES D'UTILITÉ PUBLIQUE

EN GÉNÉRAL

ET EN PARTICULIER SUR LES SERVITUDES ÉTABLIES PAR LA LOI ENTRE PROPRIÉTAIRES VOISINS DANS UN BUT D'INTÉRÊT PUBLIC.

THÈSE POUR LE DOCTORAT

PAR

CHARLES-PAUL-VICTOR BOUILLIER,

Avocat à la Cour d'appel.

L'acte public sur les matières ci-après sera soutenu le jeudi 8 mai, à dix heures et demie.

Président :   M. BUFNOIR,   Professeur

Suffragants :   MM. DUVERGER,   Professeurs.
      DEMANTE,
      GERARDIN.
      CASSIN,   Agrégé.

Le candidat répondra, en outre, aux questions qui lui seront faites sur les autres matières de l'enseignement.

PARIS

A. PARENT, IMPRIMEUR DE LA FACULTÉ DE MÉDECINE

RUE MONSIEUR-LE-PRINCE, 31.

1873

A MON PÈRE

———

A MA MÈRE

———

—

A MA GRAND'MÈRE

DROIT ROMAIN

DES

SERVITUDES DE PASSAGE

CHAPITRE PREMIER.

NOTIONS GÉNÉRALES SUR LES SERVITUDES RUSTIQUES.

1. Division des servitudes prédiales en servitudes urbaines et servitudes rustiques. Intérêt de cette division.
2. Quelle est la base de la division romaine? — Obscurité des jurisconsultes romains sur ce point.
3. 1ᵉʳ système. C'est le fonds servant qui qualifie la servitude. — Réfutation.
4. 2ᵉ système. C'est la nature du fonds dominant qu'il faut considérer. — Objections à présenter contre cette opinion.
5. 3ᵉ système. Explication présentée par MM. de Savigny, Demangeat, Ortolan, etc. — Adoption.
6. 4ᵉ système. M. de Vangerow.

1. Les droits existant sur un immeuble au profit d'un autre immeuble sont dits servitudes *réelles* ou *prédiales*, par opposition aux servitudes *personnelles*, qui désignent les droits établis sur une chose quelconque,

meuble ou immeuble, au profit d'une personne déterminée.

Les servitudes réelles ou prédiales se divisent en deux classes : les servitudes *urbaines* et les servitudes *rustiques*. Cette distinction n'a pas d'intérêt seulement au point de vue de la dénomination : elle se traduit aussi par des conséquences pratiques fort importantes :

1° Les servitudes urbaines sont *res nec mancipi;* les servitudes rustiques, au contraire, sont *res mancipi*.

2° Les servitudes urbaines ne s'éteignent que par l'*usucapio libertatis;* les servitudes rustiques périssent par le simple *non usus*.

3° Tandis que les servitudes urbaines ne peuvent jamais être hypothéquées, les servitudes rustiques sont, au moins à certains égards, susceptibles d'hypothèques.

2. A quel caractère reconnaître si une servitude est urbaine ou rustique? Ce point n'est pas suffisamment éclairci par les jurisconsultes romains. Justinien se borne à définir les servitudes urbaines : *prædiorum urbanorum servitutes sunt quæ ædificiis inhærent*. La définition des servitudes rustiques se trouve dans la loi 3 (D. VIII, 1) : *sunt quæ solo consistunt*. Ailleurs, Paul, en parlant des servitudes urbaines, dit : *in superficie consistunt*. Ce sont là des définitions assurément peu développées ; et de plus, ce qui vient en compliquer pour nous l'intelligence, c'est qu'elles renferment des expressions qui ne reçoivent pas toujours un sens identique dans les différents textes où on les rencontre. Ainsi Neratius (l. 4, XX, 2) entend par *prædium urbanum* un bien situé à la ville, tandis qu'Ulpien (l. 1, VIII, 4) qualifie de ce nom tout édifice, fût-il situé à la campagne. L'expression opposée *prædium rusticum* s'applique chez Neratius

à un bien situé à la campagne, et chez Ulpien à toute propriété non bâtie, fût-elle située à la ville.

3. Plusieurs systèmes ont été présentés pour rendre compte de la division romaine. Suivant les anciens interprètes, il faudrait considérer la nature du fonds asservi (Ghauffour, *Rev. des Rev. du Dr.*, 1845, p. 126). Toute servitude établie à la charge d'un bâtiment serait urbaine; toute servitude établie à la charge d'une propriété non bâtie serait une servitude rustique. Cette opinion doit être repoussée, car elle mènerait à classer parmi les servitudes rustiques des servitudes qui sont incontestablement urbaines. Ainsi, la servitude *stillicidii avertendi in aream* grève un terrain non bâti, et cependant tous les textes la désignent comme une servitude urbaine (Inst., § 1, *De servit.*).

4. Dans un autre système on soutient que c'est le fonds dominant qui qualifie la servitude. Telle est l'idée à laquelle se sont arrêtés les rédacteurs du Code dans l'article 687 : « Les servitudes sont établies, ou pour l'usage des bâtiments, ou pour celui des fonds de terre. Celles de la première espèce s'appellent *urbaines*, soit que les bâtiments auxquels elles sont dues soient situés à la ville ou à la campagne. — Celles de la seconde espèce se nomment *rurales*. »

Cette distinction n'a plus aucun intérêt pratique dans notre droit; mais au moins les rédacteurs du Code ont-ils eu le mérite de donner, dans l'article 687, la véritable interprétation de la division romaine?

C'est ce que soutient M. Machelard dans une savante dissertation sur les *Distinctions admises en matière de servitudes*. Voici comment peut se résumer l'opinion de M. Machelard : A l'origine, la division des servitudes en rustiques et urbaines était incontestablement basée sur la nature du fond dominant. Les servitudes réelles ont été instituées, les unes pour les besoins de l'agriculture, en faveur d'un champ, les autres pour la commodité des habitations, en faveur d'une maison située à la ville ou à la campagne. Les premières sont les plus anciennes, ce sont aussi celles qui paraissaient le plus favorables aux yeux des Romains primitifs, peuple essentiellement agriculteur. Pour ces deux raisons elles furent, malgré leur qualité de choses incorporelles, placées au nombre des *res mancipi*. Cette division des servitudes a persisté à travers les âges avec son fondement originaire ; depuis les développements de la civilisation il n'y avait plus, il est vrai, de motifs sérieux pour considérer les servitudes établies en faveur des champs comme plus précieuses que celles établies dans l'intérêt des bâtiments, et pour en faire une catégorie privilégiée ; mais la distinction existait, et elle fut maintenue telle quelle par respect pour les idées anciennement consacrées. — Si plausible que paraisse cette explication, nous croyons, avec la majorité des auteurs, qu'il est bien difficile de l'admettre. Sans contester que telle était sans doute, à l'origine, la base de la division des servitudes en rustiques et urbaines, sans pouvoir produire aucun texte qui apprenne comment et a quelle époque cette base aurait été abandonnée ou modifiée, il nous semble que les jurisconsultes romains ne durent pas toujours entendre la distinction des servitudes conformément aux idées primitives. En effet, une classification ainsi fondée sur la nature de l'héritage dominant, arrivait à placer a même servitude tantôt dans une catégorie, tantôt dans une autre. Par exemple. une servitude de pas-

sage ou d'aqueduc serait rustique lorsqu'elle existerait
au profit d'un fonds de terre; et si elle était imposée en
faveur d'un bâtiment elle deviendrait urbaine. Les conditions d'établissement et d'extinction d'une seule et
même servitude changeraient donc selon la nature de
l'héritage auquel elle appartiendrait ! Les jurisconsultes
ont dû reculer devant de tels inconvénients; la preuve
en est que les Instĩtutes et tous les textes nous présentent toujours les servitudes de passage, d'aqueduc, etc.,
comme des servitudes rustiques; jamais on ne les voit
qualifiées de servitudes urbaines.

M. Machelard ne s'arrête pas à ces objections. Tout
en reconnaissant les défauts d'une pareille classification,
il soutient qu'elle était celle adoptée par les jurisconsultes romains; que, selon ceux-ci, la même servitude
pouvait très-bien être tantôt rustique, tantôt urbaine,
et il invoque différents textes à l'appui de cette opinion :
1° Ulpien, en parlant de l'interdit *de itinere actuque privato*, dit : *hoc interdictum prohibitorium pertinet ad rusticas
tantummodo servitutes* (l. 1, § 1, XLIII, 19). Ce mot de *tantummodo* ne signifie-t-il pas que l'interdit est relatif seulement à celles des servitudes de passage qui sont rustiques? Il y a donc des servitudes de passage qui sont
urbaines, et auxquelles ne s'applique pas l'interdit. —
Il nous semble que c'est là donner une importance trop
grande au mot de *tantummodo*. Ne pourrait-il pas, d'ailleurs, être interprété dans un sens diamétralement opposé: cet interdit concerne les servitudes de passage,
servitudes qui sont uniquement rustiques (et jamais
urbaines). 2° D'un autre texte d'Ulpien, M. Machelard
conclut que la servitude d'aqueduc était tantôt rustique
et tantôt urbaine : *Si de usufructu agatur tradito, Pu-

bliciana datur; itemque servitutibus urbanorum prædiorum per traditionem constitutis vel per patientiam, forte si per domum quis suam passus est aquæductum transduci (l. 11, § 1, VI, 2).

Il est certain qu'ici la servitude d'aqueduc est qualifiée de servitude urbaine. — Mais nous pouvons répondre d'abord que ce passage est souvent considéré comme une interpolation tribonienne. En le tenant même pour sincère, nous allons voir qu'il ne faut en tirer aucune conclusion dans notre discussion.

De quel genre d'asservissement s'agit-il dans l'espèce ? D'une servitude de conduite d'eau *per domum*, à travers une maison. Est-ce là la servitude proprement dite d'aqueduc, celle qui est désignée aux Institutes parmi les servitudes rustiques ? C'est au moins douteux. La servitude ordinaire d'aqueduc consiste dans le droit de conduire de l'eau sur le sol ; ici il est question d'une servitude différente et bien plus compliquée. Il s'agit probablement du droit de pratiquer des tuyaux à travers une maison pour profiter de l'eau contenue dans les réservoirs qui se trouveraient dans ladite maison. N'est-ce pas là tout autre chose que la servitude d'aqueduc, et ne pouvons-nous pas maintenir, en nous conformant au langage des Institutes, que la servitude d'aqueduc demeure une servitude rustique, soit que l'eau conduite sur le sol desserve un fonds de terre, soit qu'elle profite à une habitation ? 3° enfin, M. Machelard invoque un texte de Paul : *Si domus mea altior tua area esset, tuque mihi per aream tuam in domum meam ire agere cessisti, nec ex plano aditus ad domum meam per aream tuam esset, vel gradus, vel clivos, propius januam meam jure facere possum : dum ne quid ultra quam*

necesse est, itineris causa demoliar (l. 20, § 1, VIII, 2).
De ce texte, l'éminent professeur tire un double
argument pour établir que dans l'espèce la servitude
de passage est urbaine. En premier lieu, la rubrique
du titre : *De servitutibus prædiorum urbanorum* n'in-
dique-t-elle pas suffisamment que voilà bien une servitude urbaine? — Cet argument ne nous paraît
pas décisif, car il est arrivé souvent aux compila-
teurs du Digeste de placer dans un titre des textes
qui auraient plus justement figuré dans un autre
titre. En second lieu, et c'est là le principal argument
de M. Machelard, il serait impossible, quelque parti
que l'on prît sur la question de la division des servitudes, de ne pas reconnaître comme servitude urbaine
la servitude de passage qui est ici décrite. — Nous es-
pérons répondre en montrant tout à l'heure que le système auquel nous nous rallierons ne mène nullement à
cette conséquence.

5. L'explication que nous préférons est assurément
moins simple, plus vague et plus abstraite que la précédente, mais elle ne soulève pas les mêmes objections,
elle paraît rendre un compte exact de la pensée des
jurisconsultes romains, car elle résiste à l'épreuve de
tous leurs textes. Voici quelle est cette explication admise
par un grand nombre d'autorités : MM. de Savigny,
Ortolan, Demangeat, Molitor, Du Caurroy, etc. Une
servitude est urbaine lorsqu'on ne peut la concevoir
sans faire intervenir l'idée de construction. Sont par
conséquent des servitudes urbaines les servitudes *lumi-*
num, tigni immittendi, oneris ferendi, etc., car elles supposent nécessairement des édifices; la servitude *non*
ædificandi est aussi une servitude urbaine quoiqu'elle

n'implique pour le moment l'existence d'aucune construction ; mais on ne peut y songer sans que l'idée de construction s'éveille immédiatement dans l'esprit, et cela suffit pour donner à cette servitude le caractère de servitude urbaine.

La définition de Paul confirme cette manière de voir : *servitutes urbanæ in superficie consistunt*. Paul veut dire que les servitudes urbaines exigent pour leur existence un état de superficie déterminé, quelque chose de plus que le sol lui-même.

Réciproquement une servitude est rustique lorsqu'elle peut se concevoir, abstraction faite de toute idée de construction. Telles sont les servitudes de passage, d'aqueduc, de puisage, etc. La servitude de passage sera parfois établie au profit d'un bâtiment, mais elle n'en demeurera pas moins une servitude rustique, car l'édifice n'est nullement une condition de son existence; il n'en est qu'un accessoire. L'unique élément indispensable à la servitude de passage, c'est le sol indépendamment de tout ce qui peut le couvrir.

Nous avons annoncé, au précédent paragraphe, que notre système nous permettrait de répondre à l'argument tiré d'un texte de Paul par M. Machelard. On s'en souvient, M. Machelard affirmait que dans toutes les opinions on était nécessairement conduit à regarder comme urbaine la servitude de passage dont il est question dans cette loi. Par conséquent il faudrait reconnaître que la même servitude peut être tantôt urbaine, tantôt rustique, ce qui serait concéder son point principal à la classification basée sur la nature du fonds dominant. Selon M. Machelard, en appliquant notre système à l'espèce de la loi 20 (§ 1, VIII, 2), il faudrait dire qu'il y a là une servitude de passage qui nécessite des travaux de nivellement ou des escaliers ; donc, elle ne peut se concevoir indépendamment de constructions et c'est une servitude urbaine.—Ce n'est pas ainsi, suivant nous, que l'on doit raisonner dans le cas particulier qui nous occupe, et nous allons arriver à un résultat tout contraire. Le droit d'établir *vel gradus vel clivos* n'est pas un élément essentiel de la servitude de passage ; malgré sa nécessité dans l'espèce. il n'est qu'un simple accessoire de cette servitude. La servitude elle-même consiste uniquement dans le passage exercé sur le sol, *per aream*. Elle existerait fort bien sans les travaux de nivellement et sans les escaliers ; ces ouvrages sont nécessaires pour la rendre commodément praticable, mais ne pourrait-elle pas à la rigueur s'exercer sans eux ? Il est facile d'imaginer tel moyen par lequel on arriverait à user de la servitude sans le secours d'aucune construction ; par exemple, ne suffirait-il pas d'apposer une échelle pour accéder à l'édifice au profit duquel existe la servitude de passage ? Donc, on ne peut pas dire qu'ici cette servitude implique nécessairement pour son existence l'idée de construction ; et nous concluons en disant que notre système lui maintient son caractère de servitude rustique.

6.-Il nous reste à parler d'une quatrième et dernière opinion soutenue par M. de Vangerow. Cet auteur base la division des servitudes prédiales sur le genre de droit qu'elles confèrent.

Les servitudes, au point de vue des avantages qu'elles procurent, peuvent être rangées en trois classes : tantôt les servitudes autorisent le propriétaire du fonds dominant à *facere*, c'est-à-dire à exercer certains actes sur

le fonds servant (par exemple, *jus eundi, agendi,* etc.);
tantôt elles lui permettent d'*habere,* c'est-à-dire d'avoir
d'une façon permanente tel ou tel ouvrage qui nuit au
fonds servant (*jus tigni immittendi*); tantôt enfin elles lui
donnent le droit de *prohibere,* d'empêcher le propriétaire du fonds servant d'user de toutes les facultés inhé-
rentes à son droit de propriété (*jus ne luminibus officiatur*).
La première catégorie de servitudes correspondrait aux
servitudes rustiques, et les deux autres aux servitudes
urbaines.

La justesse de la distinction proposée par M. de Vangerow ne paraît pas attaquable doctrinalement. Il est
très-vrai que les servitudes rustiques consistent *in faciendo,* et les servitudes urbaines *in habendo* et *in prohibendo.* Mais est-ce bien là le criterium auquel recou-
raient les jurisconsultes romains? Nous ne pouvons
le croire. Aucun texte n'est conçu dans ce sens; et de
plus, le système de M. de Vangerow, en négligeant
l'idée de construction, vient se heurter aux dénominations et aux définitions romaines.

CHAPITRE II.

DES DIFFÉRENTES SERVITUDES DE PASSAGE.

1. De l'*iter*.
2. De l'*actus*.
3. De la *via*.
4. Comment se détermine le lieu du passage.
5. Ce qui est contenu dans le droit de passage.
6. Indivisibilité de la servitude de passage.

I. En tête des servitudes rustiques, les Institutes placent les servitudes de passage. Ces servitudes sont au

nombre de trois : *iter, actus, via.* Elles diffèrent entre elles d'après la largeur et la destination du passage.

L'*iter* est le droit de passage réduit à sa plus simple expression ; il consiste essentiellement dans le droit de passer à pied sur le fonds d'autrui. Il ne donne le droit ni de conduire des bestiaux, ni de passer en voiture. *Iter est jus eundi ambulandi* (l. 1, VIII, 3). Dans cette définition le mot *ambulandi* n'exprime pas une idée de promenade, mais une idée d'allée et de venue. Le droit de se promener constituerait uniquement un droit d'usage personnel. Au contraire le *jus itineris*, ou droit de passer, d'aller et de venir, est plus qu'un droit attaché à la personne du propriétaire du fonds dominant ; c'est une qualité de ce fonds.

L'*iter* a été étendu quelque peu par l'interprétation des jurisconsultes ; il ne se limite plus, comme dans sa pureté primitive, au simple passage à pied.

Il confère le droit de passer à cheval ou de se faire transporter en litière (l. 7, VIII, 3). Mais les parties pourraient dans leur convention supprimer ces deux dernières facultés et restreindre l'*iter* à son élément essentiel (l. 4, § 1, VII, 1). De même, si lors de la concession de l'*iter* le sentier que les parties ont en vue était trop étroit pour permettre le passage à cheval ou le transport en litière, l'*iter* devrait être considéré comme tacitement réduit au droit de passage à pied.

II. L'*actus* est plus étendu que l'*iter*. Il confère essentiellement, comme nous l'indique l'étymologie du mot, le *jus agendi*, c'est-à-dire le droit de conduire des bestiaux. Les jurisconsultes y ont ajouté le droit de passer avec des chariots ou avec des voitures. Mais cette dernière faculté est simplement de la nature de l'*actus ;* elle n'est pas de son essence. Elle pourrait donc être retranchée de l'*actus* par une disposition expresse. Elle en serait encore exclue tacitement si lors de l'établissement de l'*actus* le lieu convenu entre les parties était trop étroit pour le passage des voitures (l. 13, VIII, 1). L'*actus* qui ne comprend que le *jus agendi jumentum* est dit *minus plenus*, par opposition à l'*actus plenus* qui comprend le *jus agendi vel jumentum vel vehiculum*.

L'*actus* tout en donnant le droit de passer avec des voitures ne va pas jusqu'à permettre de charroyer des pierres ou des matériaux pour bâtir. On pense même que celui qui jouit de l'*actus* ne peut pas porter une perche droite parce qu'il n'en a besoin ni pour passer, ni pour conduire ses bêtes, et qu'il s'exposerait de cette façon à nuire aux fruits des arbres plantés le long du passage (l. 7, VIII, 3).

L'*actus* étant plus que l'*iter* paraît le contenir nécessairement, et Justinien nous dit en effet : *Qui actum habet, et iter habet, eoque uti potest etiam sine jumento.* Mais ce n'est là que le droit commun, et Ulpien nous dit, en termes formels, qu'il peut y avoir *actus sine itinere* (l. 4, § 1, VIII, 6). L'exercice de l'*actus sine itinere* n'a rien d'impossible ni même de bizarre en fait : on passera pour conduire ses bestiaux ou ses voitures, mais on ne passera pas tout seul. Cependant une loi de Paul semble contraire à notre opinion et au texte d'Ulpien. *Nunquam actus sine itinere esse potest*, dit Paul (l. 1, XXXIV, 4). Voici l'espèce dont il s'agit dans cette loi : un testateur a légué la servitude *actus;* plus tard il en retranche l'*iter*. Une pareille révocation, décide Paul, est de nul effet, puisque le premier de ces droits ne saurait subsister sans le second. Le testateur qui maintient l'*actus* maintient

par là même l'*iter*. Ainsi il résulterait du texte de Paul
que l'*iter* est inséparable de l'*actus*, tandis que d'après
celui d'Ulpien l'*iter* n'existe pas forcément à côté de
l'*actus*. Comment concilier ces deux textes? Par une
explication bien simple : Paul a en vue l'*iter* accessoire
indispensable de l'*actus*, c'est-à-dire le passage de
l'homme qui conduit les bestiaux ou qui dirige la voiture. Et il décide avec raison que révoquer cet *iter*
lorsqu'on laisse subsister le legs de l'*actus*, c'est faire
une disposition inutile. Ulpien entend l'*iter* dans un
autre sens; il veut parler du passage qui s'exercerait
en dehors des cas où cela serait nécessaire pour conduire le bétail ou les chariots. Or, ce passage peut très-
bien, en fait comme en droit, être détaché de l'*actus*.

III. — Quant à la servitude appelée *via*, elle est plus
considérable que chacune des deux précédentes; elle les
contient toutes les deux à la fois, nous disent les Institutes : *Via est jus eundi et agendi et ambulandi; nam et iter
et actum in se continet via.* Par conséquent, celui qui a la
via a le droit de passer à pied, à cheval, en litière, avec
des bestiaux ou des voitures. Il a même le droit de
charrier des pierres, des poutres, de passer avec une
perche droite en prenant garde de ne pas nuire aux
fruits (l. 7, VIII, 3). Toutefois, les droits attachés à
l'*iter* et à l'*actus* sont les seuls qui tiennent à l'essence
de la *via*. Le *jus trahendi lapidem et rectam hastam referendi*
est purement de sa nature; les parties pourraient le re-
trancher de la *via* par une convention expresse. Ce qui
le prouve, c'est que ce droit n'est pas mentionné dans
la définition des Institutes; et, du reste, les termes mêmes
de la loi 7 (VIII, 3) ne font pas du *jus lapidem trahendi
et hastam ferendi* une condition nécessaire à l'existence de

la *via;* ils se bornent à le signaler comme un accessoire qui est généralement reconnu appartenir à cette servitude. Grâce à cette distinction entre le principal et l'accessoire de la *via*, il est facile d'expliquer la loi 13, XLVI, 4). Si l'objet d'une stipulation est. indivisible, nous dit Ulpien dans ce texte, l'*acceptilatio* pour partie sera de nul effet. Par exemple, lorsque, après avoir stipulé la servitude *viæ*, une personne fera *acceptilatio* pour l'*iter* ou pour l'*actus* seulement, cette *acceptilatio* sera nulle. Cela tient à ce que l'*iter* et l'*actus* sont considérés ici comme inséparables en tant qu'ils constituent un tout indivisible, la servitude *viæ*. Mais, continue le jurisconsulte, si l'*acceptilatio* porte à la fois sur l'*iter* et sur l'*actus*, celui qui a fourni la *via* sera complètement libéré. Par conséquent, le *jus trahendi lapidem aut hastam referendi* sera éteint sans qu'il ait figuré dans l'*acceptilatio*. Cette décision, qui au premier abord peut paraître contraire aux principes si rigoureux de l'*acceptilatio*, est parfaitement logique; car, après l'extinction de l'*iter* et de l'*actus*, qui sont les éléments essentiels, le principal de la *via*, le *jus trahendi lapidem* qui n'est qu'un accessoire, ne saurait subsister.

De ce que nous venons de dire sur la *via*, il résulte que cette servitude est plus étendue que l'*actus* : 1° en ce qu'elle comprend toujours l'*iter* et le droit de passer avec chariots ou voitures, tandis que l'*actus* ne les renferme pas nécessairement; 2° en ce que la *via* confère comme accessoire ordinaire le *jus trahendi lapidem aut hastam referendi*, droit que ne comprend jamais l'*actus*.

Mais il y a encore quelque chose de plus dans la *via*. La loi prend le soin de fixer elle-même sa largeur. Cette largeur, suivant la loi des XII Tables, est de 8 pieds quand la voie est en ligne droite : *in porrectum*, et de 16 pieds dans les endroits où le chemin fait des détours : *in anfractum, id est, ubi flexum* (l. 8, VIII, 3). Les parties sont libres de déroger par disposition contraire à la largeur légale (l. 13, eod. tit.), à la condition toutefois de laisser une largeur suffisante pour le passage d'une voiture; sans quoi il n'y aurait pas de *via* (l. 23, ibid.)

De cette fixation légale de sa largeur, il résulte que la *via* suppose un véritable chemin par où elle s'exerce. C'est là son caractère distinctif. L'*iter* et l'*actus*, au contraire, n'impliquent nullement l'existence d'un chemin sur le fonds servant. Ils peuvent s'exercer à travers champs. pourvu qu'on n'endommage pas les récoltes. A la vérité, il arrivera souvent que les parties en constituant l'*iter* ou l'*actus*, conviendront que le passage s'effectuera par un chemin ou sentier ; ce mode d'exercice pourra être à la fois plus commode pour le propriétaire du fonds dominant et moins onéreux pour le propriétaire du fonds servant. Lorsque la convention, en établissant un sentier ou chemin, n'aura pas pris soin d'en fixer la largeur, il n'y a pas de dimension légale à appliquer ; il faudra nommer un arbitre qui déterminera la largeur *ex æquo et bono* (l. 13, § 2, VIII, 3).

En fait, la largeur habituelle de l'*actus* était de 4 pieds, nous apprend Varron (*lib. 4 de lingua latina*); celle de l'*iter* était de 2 pieds. Parfois l'*iter* n'avait qu'un pied ; alors on l'appelait vulgairement *semita* ou *semi-iter*.

IV.— Quant au lieu par où s'exercera la servitude de passage, *iter, actus* ou *via*, comment doit-il être déterminé à défaut de disposition expresse des parties? En principe, c'est au propriétaire du fonds dominant qu'appartiendra e droit de choisir le lieu du passage. C'est une conséquence de l'indivisibilité des servitudes prédiales. La servitude de passage affecte tout le fonds servant; il n'y a pas une seule partie de ce fonds qui ne soit grevée de la servitude. Donc, le propriétaire du fonds dominant a le droit de prendre le passage du côté qui lui conviendra. Mais ce principe doit être tempéré par un précepte de bienveillance transformé en règle de droit: il ne faut pas causer inutilement du préjudice à autrui. Il importe qu'une servitude, tout en procurant au propriétaire du fonds dominant l'avantage qui lui est dû, cause le moins de dommage possible au propriétaire du fonds assujetti. Ainsi, le passage ne pourra pas être pris à travers une habitation ou à travers les vignes, lorsqu'il peut être pris aussi commodément par un autre endroit moins dommageable pour le fonds servant (l. 9, VIII, 1). Si des différends s'élèvent sur la détermination du passage, ils seront vidés par des arbitres (l. 13, § 1, VIII, 3). Une fois que le lieu du passage a été fixé, soit par le choix du propriétaire du fonds dominant, soit par la décision des arbitres, cette assignation est définitive. La servitude devra toujours s'exercer par le même endroit : *Ceteræ partes agri liberæ sunt* (l. 13, § 1, *eod.*).

Cependant, il y a une hypothèse où le propriétaire du fonds dominant ne serait pas lié par son choix: c'est lorsqu'il a stipulé formellement qu'il aurait le droit de passer par toutes les parties du fonds (*ibid.*).

Ces règles sur la détermination du passage ne sont pas infirmées par la loi 26 (VIII, 3). Ce texte porte que si un testateur a légué sans aucune désignation la servitude de passage sur son fonds, l'héritier aura la faculté d'établir la servitude dans telle partie du fonds qu'il jugera à propos, à la seule condition de ne pas frauder le légataire. C'est donc au propriétaire du fonds grevé que cette loi donne le droit de déterminer le lieu du passage, contrairement à l'autorité de la loi 9 (VIII, 1). Mais pour que l'antinomie disparaisse, il suffit d'admettre que dans l'espèce le legs de la servitude de passage a été fait *per damnationem*. Or, le legs *per damnationem* ne transmet pas au légataire un droit réel; il lui confère simplement un droit de créance contre l'héritier. Ce dernier, en sa qualité de débiteur d'une chose indéterminée, le lieu du passage, a la faculté de choisir la *species*, c'est-à-dire l'endroit qu'il livrera pour l'acquit de son obligation. Tel était du moins le droit avant Justinien.

Aux Institutes, on ne distingue plus entre les quatre espèces de legs ; et lorsque l'objet du legs est un genre, c'est au légataire qu'appartient toujours le choix, comme autrefois dans le cas du legs *per vindicationem*.

V. Le propriétaire du fonds assujetti ne peut jamais être contraint *ad faciendum ;* ainsi ce n'est pas à lui qu'incombe le soin d'entretenir le chemin par où s'exerce le passage. Sa charge consiste uniquement *in patiendo ;* mais il doit souffrir l'exercice tout entier de la servitude et ne rien faire qui tende à la diminuer ni à la rendre plus incommode. Par suite, il est tenu, même dans le silence de la convention constitutive, de supporter certaines charges accessoires. Ainsi, en concédant la servitude de passage, il se sera tacitement privé du droit de concéder plus tard à un tiers sur le même lieu la servitude d'aqueduc ou toute autre servitude qui gênerait l'exercice du passage (l. 14, VIII, 3). — Ainsi encore,

il doit souffrir l'exécution de tous les travaux et de toutes
les réparations que le [propriétaire [du fonds dominant
serait dans la nécessité de faire pour jouir du passage.
Par exemple, lorsque le sol sur lequel s'exerce le passage est humide et marécageux, il devra laisser le propriétaire du fonds dominant y exécuter des travaux de
desséchement, y établir même une chaussée, un pavé
ou un pont.

 Enfin Paul décide que si j'ai accordé une servitude
de passage sur mon fonds au profit d'un terrain dont
le niveau est plus élevé, je me suis par là même engagé à souffrir, soit la construction d'un escalier, soit
des travaux de nivellement qui rendent possible la
communication entre les deux fonds (l. 20, § 1,
VIII, 2).

VI. La servitude de passage, comme toute servitude
prédiale. constitue une qualité du fonds, une bonne
qualité pour le fonds dominant, une mauvaise pour le
fonds servant. Il suit de là que la servitude de passage
est indivisible en ce sens qu'elle ne saurait exister ni au
profit ni à la charge d'une portion indivise. Il serait,
en effet, impossible de comprendre comment une qualité bonne ou mauvaise affecterait une portion indivise
d'un tout homogène. sans affecter le tout.

De nombreux textes appliquent spécialement à la
servitude de passage les conséquences de l'indivisibilité.
Nous en signalerons les plus importantes, à propos de
l'acquisition et de l'extinction de la servitude de pas·
sage.

CHAPITRE III.

DE L'ÉTABLISSEMENT DE LA SERVITUDE DE PASSAGE.

Pour exposer les divers modes d'établir une servitude de passage, il faut nous placer successivement sous l'empire du droit civil, du droit prétorien et du droit de Justinien.

DROIT CIVIL.

1. En sa qualité de servitude rustique, la servitude de passage est une *res mancipi*, et peut s'établir par le mode solennel d'aliénation, usité pour cette sorte de choses, c'est-à-dire par la *mancipatio*.

La *mancipatio* permet d'établir la servitude de passage, soit par voie de *translatio*, soit par voie de *deductio*. Par voie de *translatio*, lorsqu'on grève son fonds d'un droit de passage au profit du voisin ; par voie de *deductio*, lorsqu'en aliénant un de ses fonds, on se réserve sur lui un droit de passage au profit d'un autre fonds dont on reste propriétaire.

La *mancipatio* n'est accessible qu'aux personnes jouissant du *jus commercii*.—Elle n'a lieu que pour les fonds situés en Italie ou pour les fonds provinciaux gratifiés du *jus italicum*.

2. Le droit de passage s'établit aussi par l'*in jure cessio*.

Gaius nous apprend que l'on employait la *mancipatio*

de préférence à l'*in jure cessio*, afin de n'avoir pas à se rendre devant le magistrat.

De même que la *mancipatio*, l'*in jure cessio* n'est applicable qu'aux fonds italiques, car elle a pour effet de transférer le *dominium ex jure Quiritium*, qui ne saurait exister sur les fonds provinciaux.

Au moyen de l'*in jure cessio*, on a la faculté d'établir la servitude de passage, soit par *translatio*, soit par *deductio*.

3. Un autre mode d'établissement de la servitude de passage, c'est le testament. Ainsi je lègue à un de mes voisins le droit de passer sur mon fonds; dans ce cas, il y a *translatio*. Ou bien je transmets à un légataire la propriété du fonds Cornélien en ajoutant que ce fonds sera grevé d'une servitude de passage au profit du fonds Sempronien, qui reste entre les mains de mon héritier; il y a alors *deductio*. La *translatio* ne peut, à l'époque classique, s'effectuer que par le legs *per vindicationem*. Les autres espèces de legs ne créent, au profit du légataire, qu'un droit de créance. C'est l'héritier qui, pour s'acquitter de son obligation, établira le droit réel.

4. Enfin la servitude de passage pourra être constituée par *adjudicatio*. Dans les trois cas d'action *familiæ erciscundæ*, d'action *communi dividundo* et d'action *inium regundorum*, le juge a le droit de faire une attribution de propriété. En plaçant un immeuble ou une portion d'immeuble dans le lot d'un des copropriétaires indivis, le juge pourra le grever de servitude en faveur de l'immeuble ou de la portion d'immeuble qu'il met dans le lot d'un autre des copropriétaires. Rappelons que le droit de passage ne sera, en droit civil, établi par l'*adju-*

dicatio qu'aux conditions suivantes : il faut que le jugement soit rendu à Rome même ou dans un rayon d'un mille autour de Rome, dans une instance engagée entre citoyens romains et devant un juge citoyen romain. En l'absence de l'une de ces conditions, il n'y a plus *judicium legitimum*, mais *judicium imperio continens;* et le *judicium legitimum* était le seul qui produisît des effets selon le droit civil.

5. Ni la tradition ni l'usucapion ne sauraient faire acquérir une servitude de passage. Le droit civil regarde les choses incorporelles comme n'étant pas susceptibles de possession, et par suite, comme ne pouvant être l'objet d'une tradition ni d'une usucapion.

Cependant il paraît que dans le très-ancien droit, l'usucapion s'était appliquée aux servitudes, puisque la loi *Scribonia*, nous dit Paul (l. 4, § 29, XLI, 3), a fait disparaître cette usucapion.

Nous n'avons pas de détails sur le régime antérieur à la loi *Scribonia;* la teneur de cette loi nous est complètement inconnue.

Mais si la servitude de passage ne peut être conférée par la tradition, ne peut-elle pas au moins résulter d'une rétention faite lors de la tradition de l'immeuble? Une réponse affirmative semblerait dictée par les principes. La tradition n'opère que dans les limites de la volonté du *tradens;* l'*accipiens* n'ayant reçu l'immeuble que moins le démembrement de propriété retenu par le *tradens,* comment peut-il néanmoins devenir immédiatement propriétaire de l'immeuble tout entier, si c'est une *res nec mancipi,* ou en acquérir la propriété tout entière par l'usucapion, si c'est une *res mancipi?* — Mais tous les raisonnements tombent devant un texte formel de

Paul (Vat. fragm., 47). Ce texte déclare que, selon le droit civil, la servitude personnelle ou prédiale retenue dans une tradition ne vaut pas plus que celle qui serait directement conférée par la tradition.

_ 6. Les fonds provinciaux n'étant pas susceptibles de *dominium,* il ne peut y avoir sur eux de véritable servitude dans les principes du droit civil. Mais au moyen de pactes et stipulations on arrivait, nous dit Gaius, à constituer l'équivalent d'une servitude. Voici comment on procédait : je conviens avec vous que j'aurai le droit de passer sur votre fonds ; c'est là un simple pacte qui ne me donne aucune action. Mais pour me procurer une garantie, je stipule de vous que vous me paierez tant, au cas où vous m'empêcheriez de passer. — Par cet expédient du pacte suivi de stipulation, je n'acquiers pas une véritable servitude de passage, puisque la stipulation ne crée que des obligations et non des droits réels, mais j'acquiers un avantage à peu près égal à celui que je retirerais de la servitude proprement dite. Seulement, cette équivalence disparaîtra lorsque le fonds provincial sur lequel aura été constitué de cette façon le droit de passage n'appartiendra plus au promettant et aura été transmis à un nouveau possesseur. Celui-ci, à moins qu'il ne soit un successeur universel du promettant, n'est obligé en rien par la convention et stipulation intervenue. Il aura donc le droit de s'opposer aux actes de passage, sans encourir la peine portée par la stipulation. C'est le possesseur primitif qui, en sa qualité de promettant, demeurera tenu du paiement de la peine envers le stipulant.

Dans le cas où c'est le fonds au profit duquel la stipulation a eu lieu qui a été transmis à un nouveau pos-

sesseur, le droit de passage subsistera. En effet, le nouveau possesseur jouira, en vertu d'une cession expresse
ou tacite, de la même action que son auteur.

DROIT PRÉTORIEN.

D'après le droit prétorien, les servitudes sont susceptibles d'une quasi-possession qui résulte de leur exercice même. En conséquence de ce principe, plusieurs
extensions ont été apportées par le préteur aux modes
d'établissement reconnus par le droit civil. Ces innovations, toutefois, ont été assez tardives; elles n'existaient pas encore du temps de Labéon. (L. 20, VIII, 1.)

1. La servitude de passage pourra s'établir par une
convention suivie d'une sorte de tradition. Cette *quasi-
traditio* consiste dans la souffrance (*patientia*) consentie
par le propriétaire du fonds servant : *Traditio plane*, dit
Ulpien, *et patientia servitutum inducet officium Prætoris*
l. 1, § 2, VIII, 3). Le préteur protége celui qui a été
mis ainsi *ex justa causa* en possession de la servitude, en
lui accordant les interdits quasi-possessoires et l'action
publicienne. Il y a donc alors une servitude *non jure
constituta, sed tuitione Prætoris*.

2. En l'absence même de toute convention, l'exercice,
pourvu qu'il soit prolongé, suffit pour faire acquérir
jure prætorio une servitude de passage (l. 10, VIII, 5).
Dans ce cas comme dans le précédent, le préteur reconnaît au possesseur les interdits et l'action publicienne.

Quelles étaient les conditions de la *possessio longi temporis* appliquée aux servitudes? Le petit nombre de
textes qui existent sur ce point nous laisse dans une
certaine obscurité. Il est probable que la *longa possessio*

de la servitude devait avoir duré dix ans entre présents et vingt ans entre absents. La loi 2 au Code (tit. 24 *de servitutibus*) le décide formellement pour la servitude de prise d'eau.

Il semble que la *longa possessio* devait être accompagnée de la bonne foi (l. 2, § 10, XLIII, 20), mais qu'il n'y avait pas besoin de juste titre (l. 10 pr., VII, 5).

3. Nous avons vu tout à l'heure que si en faisant tradition d'un fonds, l'aliénateur se réserve un droit de passage au profit d'un autre fonds qu'il garde, cette servitude ainsi *deducta in traditione* n'est pas reconnue par le droit civil. Mais elle vaudra comme servitude prétorienne, *tuitione prœtoris constituta* (l. 6, VIII, 4).

4. Enfin, l'*adjudicatio* faite dans un *judicium imperio continens* pourrait établir une servitude de passage qui serait maintenue *jure prœtorio* (l. 44, X, 2).

Droit de Justinien.

1. A l'époque de Justinien, la *mancipatio* et l'*in jure cessio* ont disparu. Les servitudes s'établissent par testament, par la possession prolongée, par la rétention dans une tradition du fonds, par l'*adjudicatio*.

2. Le procédé qui s'appliquait autrefois pour constituer l'équivalent d'une servitude sur les fonds provinciaux par des pactes et stipulations s'applique, sous Justinien, à toute espèce de fonds. Lorsque le pacte ou la stipulation a été suivie d'une quasi-tradition de la part du propriétaire obligé, la servitude est constituée sans aucun doute. Mais, faut-il aller plus loin et dire que, même en l'absence de toute quasi-tradition, une véritable servitude de passage peut résulter directement des

pactes et stipulations ? Nous ne le croyons pas. On objecte cependant la loi 3 (pr. VII, 1) : *si quis velit vicino aliquod jus constituere, pactionibus atque stipulationibus id efficere debet.* — Nous répondons que l'expression *constituere* ne veut pas dire nécessairement établir un droit réel de servitude. Les jurisconsultes employaient parfois la même expression pour désigner l'effet d'un legs *per damnationem*, legs qui ne produisait pourtant qu'un simple droit de créance. Dans la loi 3 (VII, 1), la nécessité d'une quasi-tradition est sous-entendue.

En outre, il serait bien étrange que le simple consentement qui est impuissant à transférer la propriété suffît pour en transférer un démembrement. Cette anomalie se rencontre, il est vrai, à propos du pacte d'hypothèque, mais les jurisconsultes la font remarquer et disent qu'elle est unique. A la différence de la constitution des hypothèques, celle des servitudes n'était pas vue avec faveur ; il est peu probable qu'on ait commis à son profit une telle dérogation aux principes de la translation des droits réels. — D'ailleurs, une réforme si importante n'aurait-elle pas laissé des traces nombreuses dans les textes, si effectivement Justinien l'avait introduite ?

*Du cas où l'établissement de la servitude de passage
aurait été suspendu par une modalité.*

Il nous faut maintenant examiner une question controversée qui se rapporte à l'époque des jurisconsultes comme à celle de Justinien. Peut-on suspendre par une modalité, terme ou condition, l'établissement d'une servitude de passage ? Non, répondent d'une façon absolue MM. Pellat, Demangeat, etc.; voici le double motif sur lequel se fonde leur opinion :

‹ 1° Papinien, dans la loi 4 (VIII, 1), dit formellement qu'on ne peut, en pur droit civil, affecter d'un terme ni d'une condition l'établissement d'une servitude. Toutefois, le préteur accorderait l'exception *doli* ou *pacti conventi* pour faire respecter le terme, la condition suspensive, ou la condition résolutoire qui aurait été ajoutée. — 2° Les servitudes prédiales sont perpétuelles en elles-mêmes, comme les fonds auxquels elles sont attachées; par conséquent, toute limitation de temps apportée dans l'acte de constitution d'une servitude doit être nulle comme contraire à la nature de cette servitude.

Il suit de là qu'en droit civil toute modalité, même le terme suspensif ou la condition suspensive, serait inutilement ajoutée à la constitution d'une servitude de passage. La servitude serait considérée comme établie purement et simplement; à moins cependant que l'acte de constitution ne fût annulé par l'addition de la modalité; alors il n'y aurait pas de servitude.

Dans une autre opinion défendue notamment par M. Bufnoir (*Tr. de la conaition*, p. 185 et suiv., et p. 226), on soutient que le droit civil permet très-bien de constituer une servitude *sub conditione* ou *ex die certo*, pourvu que le mode de constitution employé ne soit pas incompatible avec de semblables modalités. Ainsi, le droit civil reconnaîtrait comme valable le legs *sub conditione* ou *ex die certo* d'une servitude de passage.

Cette opinion que nous croyons préférable répond ainsi aux arguments de l'autre système : 1° Le texte de Papinien ne s'exprime qu'en vue des actes solennels entre-vifs; ce qui le prouve, c'est l'expression de : *contra placita vindicanti (pacti exceptio occurretur)*. L'hypothèse est donc celle où une servitude ayant été constituée par un *actus legitimus,* un terme suspensif ou une condition suspensive a été ajoutée au moyen d'un pacte (si la modalité avait été apposée dans l'acte constitutif lui-même, tout serait nul). Mais Papinien ne vise point l'hypothèse d'un legs. — 2° Il est vrai de dire que les servitudes prédiales sont perpétuelles; mais il ne sera question de perpétuité que pour une servitude déjà née. Ici, il s'agit justement de savoir si la naissance de la servitude peut être retardée. La perpétuité des servitudes est donc étrangère au débat actuel; il n'y aura lieu de s'en préoccuper que lorsque nous traiterons de l'extinction des servitudes.

Enfin, à l'appui de notre système, nous invoquons un texte de Marcellus (l. 3, XXXIII, 3). Dans l'espèce de cette loi, il est décidé précisément qu'une servitude de passage peut être léguée sous condition (*viam sub conditione legasset*).

Des conséquences de l'indivisibilité quant à l'établissement de la servitude de passage.

Le caractère d'indivisibilité produit plusieurs conséquences notables dans l'établissement de la servitude de passage. — Ces conséquences se manifestent d'abord quant à la stipulation de la servitude. Lorsqu'un fonds appartient en commun à plusieurs copropriétaires, l'un d'entre eux pourra-t-il stipuler une servitude de passage au profit du fond indivis? Non ; la stipulation sera inutile comme ayant pour objet une chose impossible, car la servitude ne saurait existe au profit d'une part indivise (l. 19, VIII, 3). Réciproquement, si l'un des copropriétaires promettait la servitude de passage, la stipulation serait encore inutile (l. 17, VIII, 1).

Supposons à présent que la servitude de passage a été valablement promise par tous les copropriétaires d'un fonds indivis, ou qu'elle est due par les héritiers d'un promettant qui était propriétaire unique. Il s'agit pour eux de la constituer comme droit réel. Rigoureusement, la servitude ne saurait être constituée que moyennant la délivrance opérée à la fois par tous les copropriétaires. Cependant les jurisconsultes ont admis un tempérament, nous dit la loi 18 (VIII, 4). La délivrance pourra être faite à des époques différentes par chaque copropriétaire; seulement, lorsqu'intervient le dernier acte de concession, il faut que tous les auteurs des concessions précédentes soient demeurés propriétaires du fonds qu'il s'agit de grever. Le dernier acte de concession n'a donc pas d'effet rétroactif; si le premier concédant était mort ou avait aliéné d'une façon quelconque sa part indivise, cette part resterait libre, la validité des actes de concession faits par les autres associés serait en suspens; et la servitude ne pourrait pas être constituée avant que le nouveau propriétaire, acheteur ou successeur, n'eût fait son acte de concession.

Les mêmes règles s'appliqueraient encore, si en renversant notre hypothèse, on suppose que la servitude de passage a été promise par le propriétaire unique d'un fonds au profit d'un autre fonds indivis entre plusieurs copropriétaires. La servitude pourra être constituée par des concessions successivement faites aux différents copropriétaires, mais l'effet de toutes ces concessions est suspendu jusqu'à ce que la dernière ait eu lieu.

Le fondement de ces décisions, c'est que la servitude ne peut être acquise pour une part indivise ; elle ne peut être constituée au profit d'un seul des copropriétaires qui l'ont stipulée, ni par un seul de ceux qui l'ont promise.

La fin de la loi 18 (VIII, 4) porte que la constitution de la servitude par concessions successives n'a été admise qu'au cas où la constitution aurait lieu par actes entre-vifs. Il n'en est pas de même au cas d'actes pour cause de mort : *Nec enim, sicut viventium, ita et defunctorum actus suspendi , receptum est.* Si donc les deux copropriétaires d'un fonds avaient légué une servitude, cette servitude ne serait pas acquise dans le cas où les deux hérédités auraient été acceptées à diverses époques. Il faut que les acceptations, et par suite l'acquisition du legs, aient lieu simultanément.

L'indivisibilité se manifeste encore dans la demande à fin de constitution de la servitude. Ainsi, les héritiers du stipulant auront chacun le droit d'exercer *in solidum* l'action *ex stipulatu* contre le promettant. Et s'il y a plusieurs coobligés, chacun sera tenu *in solidum* de délivrer la servitude (1. 25, § 9 et 10, X, 2). Lorsque celui qui aura été actionné *in solidum* ne voudra pas constituer la servitude, ou qu'il ne le pourra pas parce que ses coobligés refusent de concourir à la constitution de la servitude, il sera condamné à des dommages-intérêts, mais il aura un recours contre ses cohéritiers ou contre ses associés par l'action *familiæ erciscundæ* ou *communi dividundo*.

CHAPITRE IV.

Les causes d'extinction de la servitude de passage sont au nombre de cinq, d'après le droit civil :

La confusion ;

La remise ;

La résolution du droit du constituant ;

Le *non usus ;*

La transformation ou la perte soit du fonds dominant, soit du fonds servant.

1° Il y aura extinction par confusion toutes les fois que les deux fonds entre lesquels existe la servitude de passage se trouveront réunis dans les mains du mê.ne propriétaire. Mais il faut que le propriétaire de l'un des deux fonds acquière la totalité de l'autre ; s'il n'en acquérait qu'une part indivise, la servitude subsisterait toujours (l. 8, VIII, 1). Supposons, par exemple, que le propriétaire du fonds dominant laisse deux héritiers dont l'un est le propriétaire du fonds servant, le droit de passage n'est pas éteint. Ici la règle : *servitus per partes retinetur*, empêche l'application de la règle : *nemini res sua servit.*

2° La remise que le propriétaire du fonds dominant fait de son droit de servitude peut être expresse ou tacite : la remise expresse s'opère habituellement *in jure*. Il y a encore remise expresse lorsque l'ayant droit à la servitude lègue au propriétaire assujetti la liberté de son fonds.

La remise est tacite lorsque le propriétaire du fonds dominant permet au propriétaire du fonds servant de construire quelque ouvrage, tel qu'un mur de clôture, qui fera obstacle à l'exercice du passage (1. 8, VIII, 6).

Une conséquence nécessaire de l'indivisibilité de la servitude, c'est que la remise qui serait faite par l'un des propriétaires indivis du fonds dominant n'aurait aucune valeur.

3° La servitude de passage sera éteinte par la résolution du droit et celui qui l'a constituée. Ainsi, lorsqu'un héritier a grevé d'une servitude un fonds qui était légué sous condition, la servitude s'évanouira à l'événement de la condition. Ce n'est qu'une simple application du principe que nul ne peut transférer plus de droit qu'il n'en a.

4° La servitude de passage étant une servitude rustique est susceptible de se perdre par le *non usus*. On sait que ce mode d'extinction est particulier aux servitudes rustiques ; les servitudes urbaines ne s'éteignent que par l'*usucapio libertatis*. Voici comment s'explique cette différence : les servitudes urbaines présentent un caractère de continuité, elles consistent activement *in habendo* ou *in prohibendo*, et ne demandent pour s'exercer aucun fait actuel du propriétaire du fonds dominant. Le débiteur de la servitude souffre d'un état de choses permanent ; il faut qu'il usucape la liberté de son fonds en faisant un acte contraire à la servitude. Tout autres sont les servitudes rustiques, et notamment la servitude de passage. Leur exercice réclame un fait actuel de l'homme ; elles consistent *in faciendo* pour le propriétaire du fonds dominant. Quant au propriétaire du fonds servant, il n'est tenu qu'à supporter des actes intermittents. Il doit être considéré comme se trouvant en possession continuelle de sa liberté. Cela est si vrai que l'exercice de la servitude de passage est qualifié d'*usurpatio libertatis* (l. 6, § 1, VIII, 6). La simple cessation du passage prolongée pendant un certain temps doit donc suffire pour rendre à sa liberté le fonds servant.

La servitude de passage s'éteindrait par le *non usus* lors même qu'il y aurait eu matériellement exercice du passage, si cet exercice n'avait pas été accompagné de l'intention d'user de la servitude. Ainsi, je passe sur le fonds qui me doit le passage, mais en ce faisant je crois passer sur un chemin public. Ma servitude s'éteindra par le *non usus* au bout du temps légitime, car je ne serai pas censé l'avoir exercée (l. 25, VIII, 6).

Pour que la servitude de passage soit conservée, il n'est pas nécessaire que les actes d'exercice proviennent du propriétaire du fonds dominant. Non-seulement ceux qui seraient faits par un usufruitier ou par un fermier, mais même ceux qui émaneraient d'un possesseur de mauvaise foi empêcheraient l'extinction de la servitude (l. 24, VIII, 6).

Lorsque le *non usus* a été causé par une force majeure, le propriétaire du fonds dominant sera restitué contre la perte de sa servitude. Il y aurait lieu, par exemple, à restitution, si le fonds grevé de la servitude de passage avait été inondé par le débordement d'une rivière, et que les eaux ne se fussent retirées qu'après l'expiration du temps requis pour la perte de la servitude par le *non usus* (l. 14, VIII, 6). Contre la prescription de trente ans, aucune restitution ne serait admise.

L'exercice même incomplet du droit de passage suffira pour empêcher qu'il y ait *non usus*. Ce principe reçoit les applications suivantes :

A. Investi de la servitude *viæ*, j'exerce seulement l'*iter*, et je néglige d'exercer l'*actus*. La servitude *viæ* sera conservée. Tout en n'exerçant qu'un seul des éléments de mon droit, j'ai opéré une *usurpatio libertatis* contre le propriétaire du fonds servant, et j'ai mis obstacle à sa libération. Le second élément de mon droit, l'*actus*, subsistera en raison de l'indivisibilité de la servitude (l. 2, VIII, 6).

B. Lors même qu'on n'aurait passé que sur une partie du chemin, la servitude de passage serait conservée tout entière. La loi 6 (VIII, 6) nous fournit une espèce à ce sujet. Le fonds grevé a été partagé *per regiones* entre deux héritiers. Supposons d'abord qu'il a été partagé *secundum latitudinem viæ*, de telle sorte que chacune des parts longe le chemin qui forme ainsi la ligne séparative. Le passage exercé sur un côté seulement du chemin conservera néanmoins la servitude sur le chemin tout entier. L'usage du chemin est indivisible ; il doit être perdu ou retenu en entier. Il y a eu exercice, quoique incomplet, de la servitude. La possession de liberté du fonds servant est interrompue ; la servitude sera intégralement maintenue. — Cependant, il faudrait donner une autre décision si nous supposons que le fonds a été divisé en deux parts, *secundum longitudinem viæ*, c'est-à-dire de telle sorte que la ligne séparative des portions divises est perpendiculaire au chemin. Dans ce cas, les choses se passeront comme si, lors de l'établissement de la servitude, il y avait eu deux fonds différents. Il existe deux servitudes distinctes. Si le passage n'est exercé que sur le lot d'un des copartageants, l'autre sera libéré, puisqu'il n'y a pas eu exercice de la servitude qui le grève.

La différence entre les deux décisions données dans la loi 6 se justifie de la manière suivante : dans l'hypothèse où le fonds est divisé *secundum latitudinem viæ*, le chemin est considéré comme commun aux deux portions divises. Mais dans le cas où la division a eu lieu *secundum longitudinem viæ*, les deux lots sont complètement indépendants l'un de l'autre ; l'exercice du passage sur la portion de l'un des copartageants, ne peut avoir aucun effet pour l'autre portion dont la liberté n'est nullement atteinte.

Quelle est la durée du *non usus* requise pour qu'il y ait extinction de la servitude ? Dans l'ancien droit, le *non usus* devait avoir duré deux ans. Le délai court à partir du jour où l'ayant droit a cessé d'exercer le passage.

Sous Justinien, le délai de deux ans est porté à dix ans entre présents, et vingt ans entre absents ; c'est le délai de l'ancienne *præscriptio longi temporis*.

5° Enfin, la servitude de passage s'éteindrait dans les cas exceptionnels où soit le fonds dominant, soit le fonds servant viendrait à périr ou à subir une transformation telle que l'exercice du passage serait impossible.

L'échéance du terme et l'arrivée de la condition ne sont pas en droit civil des causes d'extinction de la servitude de passage. Il faut appliquer ici littéralement le texte de Papinien (1. 4, VIII, 1). Lorsqu'une servitude prédiale aura été constituée *ad tempus*, ou bien sous une condition résolutoire (*ad certam conditionem*), ces modalités seront en droit civil réputées non écrites. Le principe de la perpétuité des servitudes s'oppose en effet à ce qu'une servitude soit établie de manière à n'avoir qu'une durée limitée. La servitude sera donc considérée comme établie purement et simplement, *in perpetuum* (les *actus legitimi* ne sont pas viciés par l'addition d'un *dies*, ou d'une condition *ad quam*), et le concessionnaire pourra, dans la rigueur des principes, revendiquer la servitude après comme avant l'arrivée du terme ou de la condition. Mais le préteur accordera au concédant l'exception *doli* ou *pacti conventi*. Il suit de là que, *jure prætorio*, la servitude est éteinte par l'échéance du terme ou l'événement de la condition.

CHAPITRE V.

DES ACTIONS RELATIVES A LA SERVITUDE DE PASSAGE.

1. Quelles sont les diverses actions relatives à la servitude de passage ?
2. Action confessoire. Contre qui elle peut être intentée.
3. A qui appartient cette action?
4. Pourquoi existe-t-elle de concert avec les interdits au profit de celui qui a la quasi-possession de la servitude de passage?
5. Des effets de l'action confessoire.
6. De l'action publicienne appliquée aux servitudes.
7. De l'action négatoire. Contre qui est-elle donnée?
8. Qui peut intenter cette action?
9. Quelle preuve doit administrer le demandeur dans l'action négatoire?
10. Des effets de l'action négatoire.

1. Nous allons nous occuper maintenant des actions, c'est-à-dire des moyens que la loi fournit aux parties, soit pour faire reconnaître l'existence du droit de pas-

sage, soit pour faire reconnaître la liberté de leur fonds.

A la servitude de passage, comme à toute autre espèce de servitudes, est attachée une double action : l'action confessoire et l'action négatoire.

Celui qui prétend jouir d'un droit de passage sur le fonds d'autrui intentera l'action confessoire ; celui qui prétend que son fonds n'est pas grevé d'une servitude de passage intentera l'action confessoire.

2. La formule de l'action confessoire est ainsi rédigée : *Si paret Auli Agerii jus esse per fundum vicini eundi ambulandi, agendi, eundi agendi....* Le demandeur a donc à prouver l'existence de la servitude de passage.

Contre qui peut être intentée l'action confessoire? D'abord contre toute personne intéressée à contester le droit de servitude, que ce soit le propriétaire ou possesseur du fonds asservi, ou bien un tiers qui prétendrait avoir un droit incompatible avec l'existence de la servitude. Mais l'action confessoire se donne encore contre quiconque, sans même élever aucune prétention juridique contraire au droit de servitude, apporterait en fait un obstacle à l'exercice de la servitude (l. 45, VIII, 5). Dans cette loi d'Ulpien, nous trouvons cités plusieurs cas où il y aura lieu d'intenter l'action confessoire contre le propriétaire du fonds servant, non qu'il conteste la servitude de passage, mais simplement parce qu'il entrave matériellement l'exercice plein et entier du passage. Ainsi, le propriétaire assujetti voudrait empêcher le pavage du chemin; ou encore il a, sur le bord du chemin, des arbres dont les branches rendent le passage impraticable ou incommode. Il tombera sous le coup de l'action confessoire,

3. A qui appartient l'action confessoire? Elle peut être exercée par le propriétaire du fonds prétendu dominant. Elle peut l'être aussi, mais à titre d'action utile, par celui qui a sur ce fonds un droit de gage ou un droit d'emphythéose (l. 16, VIII, 1). L'action confessoire n'appartient pas à l'usufruitier du fond dominant. La formule de l'action (*jus esse eundi agendi*) suppose en effet que le demandeur est propriétaire de la servitude de passage. D'ailleurs, l'usufruitier, pour faire valoir son droit à la servitude, n'a qu'à intenter l'action qui est attachée à sa qualité d'usufruitier. Le voisin qui porte atteinte à la servitude de passage met par là même un obstacle au droit d'usufruit; il y a lieu contre lui à l'action confessoire de l'usufruit (l. 1, pr., VII, 6).

4. L'action en revendication ne compète qu'au propriétaire qui a perdu la possession de sa chose. Au contraire, l'action confessoire est accordée à celui qui a le droit de servitude, non-seulement lorsqu'il a perdu la quasi-possession de sa servitude, et que, privé par conséquent du droit d'agir au possessoire, il n'a plus pour ressource que l'action au pétitoire, mais même lorsqu'il a la quasi-possession et pourrait se défendre au possessoire (l. 6, § 1, VIII, 5). D'où vient cette différence entre l'action confessoire et l'action en revendication? Il ne peut pas être question, il est vrai, d'une possession proprement dite pour les servitudes, puisque ce sont des choses incorporelles; mais nous avons déjà dit que le droit prétorien admet une quasi-possession, qui résulte de l'exercice même de la servitude; et nous verrons tout à l'heure qu'il y a certains interdits pour protéger cette quasi-possession contre ceux qui la contestent ou qui la troublent. Rien donc, en matière de

servitudes, ne forçait d'accorder une action pétitoire à celui qui, ayant l'exercice de son droit, pourrait se borner aux moyens possessoires; rien n'empêchait d'établir ici, comme en matière de revendication de propriété, une séparation marquée entre le pétitoire et le possessoire. Cette particularité de l'action confessoire s'explique par une raison historique. A l'époque où le préteur a créé la formule de l'action en revendication, les interdits possessoires étaient déjà en vigueur (Gaius, IV, § 9); la *formula petitoria* fut donc destinée uniquement au propriétaire qui a perdu la possession de sa chose. Quant au propriétaire investi de la possession, il est protégé par les interdits; il n'y avait donc nulle nécessité de lui accorder un nouveau moyen de faire valoir son droit. Mais à cette même époque les interdits quasi-possessoires n'existaient pas encore (l. 20, VIII, 1). Le préteur dut, par conséquent, rédiger la formule de l'action confessoire sans distinguer si le demandeur avait ou non la *possessio juris*. Et quand plus tard furent créés les interdits quasi-possessoires, la formule de l'action confessoire se maintint telle qu'elle était sans avoir désormais d'autre raison d'être que l'ancienneté de sa pratique.

Pour les servitudes en général, cette explication historique paraît être la seule à donner du double emploi de l'action confessoire avec les interdits. Mais, en ce qui concerne spécialement la servitude de passage, il faut noter que, même après la création des interdits quasi-possessoires, il y a un cas où l'action possessoire demeure nécessaire au demandeur qui a la quasi-possession de la servitude de passage. C'est lorsqu'il veut recourir à l'interdit *de itinere actuque privato reficiendo*. Une des conditions pour obtenir cet interdit est de prouver qu'on a droit au passage; or, cette preuve se fait par l'action confessoire.

5. Quel sera le résultat de l'action confessoire lorsque le demandeur aura prouvé son droit à la servitude de passage? Elle détruira d'abord toutes les prétentions du défendeur contraires à la servitude; mais elle anéantira aussi tout ce qui en fait mettait obstacle à l'exercice du passage. L'action confessoire est une action arbitraire : en conséquence, le juge ordonnera au défendeur de démolir tous les obstacles matériels, constructions ou clôtures, qui auraient été élevés pour gêner ou pour empêcher le passage (l. 14, VIII, 5). Nous pensons que, même avant Justinien, le *jussus judicis* pouvait être exécuté *manu militari*. Il faut noter que le défendeur pourrait opposer l'exception de dol, si le propriétaire du fonds dominant avait connu et toléré par mauvaise foi la construction de ces ouvrages. En outre, le défendeur sera condamné à des dommages-intérêts. Les dommages-intérêts sont l'équivalent de la restitution des fruits qui est accordée au demandeur dans l'action en revendication. Ici, ils sont calculés d'après l'avantage que le demandeur aurait retiré s'il n'avait pas été empêché de jouir du droit au passage (l. 6, § 6, VIII, 5).

6. *Action publicienne.* — Le droit prétorien reconnaît l'acquisition des servitudes, soit par la *quasi traditio*, soit par la *præscriptio longi temporis.* Le quasi-possesseur du droit de passage est privé de l'action confessoire, puisque, *jure civili*, il n'a pas de droit; mais le préteur lui accorde l'action réelle prétorienne, l'action *publicienne* (l. 14, § 1, VI, 2). C'est aussi la seule action réelle qu'on pourra avoir s'il s'agit de fonds provinciaux; de même,

si le droit de passage a été déduit dans la tradition d'un fonds.

L'action publicienne ne diffère d'ailleurs de l'action confessoire que par la nature du droit auquel est subordonnée son obtention.

7. *Action négatoire.*—La formule de cette action porte : *Si paret Auli Agerii jus non esse eundi ambulandi, agendi*, etc. Ainsi, dans l'action négatoire, il s'agit, pour le demandeur, de prouver que son fonds n'est pas grevé de telle ou telle servitude.

L'action négatoire ne s'intente pas contre celui qui porterait atteinte à la liberté du fonds par un trouble purement de fait; dans cette hypothèse le propriétaire du fonds devrait user des interdits. C'est seulement lorsque les actes de trouble révèlent l'intention d'exercer un droit sur le fonds qu'il y a lieu de recourir à l'action négatoire. Mais il n'est pas nécessaire que ces actes de passage aient été assez fréquents et assez continus pour avoir conféré au défendeur la quasi-possession de la servitude qu'il prétend. Pour que l'action négatoire puisse être dirigée contre lui, il suffit qu'il ait passé, ne fût-ce qu'une seule fois, avec l'intention d'exercer un droit de passage.

8. Il faut absolument, pour intenter l'action négatoire, être propriétaire du fonds que l'on affirme être libre de servitude, puisque cette action tend à faire reconnaître que l'on a la propriété pleine et entière du fonds (l. 1 pr., VIII, 5).

9. Quelle preuve devra administrer le demandeur dans l'action négatoire? C'est une question fort discutée. Selon nous, il devra prouver non-seulement qu'il est propriétaire du fonds, mais aussi qu'il n'est pas grevé

de la servitude de passage. Un texte d'Africain (l. 15, XXXIX, 1) semble évidemment conçu dans ce sens. Africain dit que le demandeur a une preuve à faire. Supposerons-nous que cette preuve est uniquement celle de la propriété? Cette explication ne serait pas très-plausible, car en fait la qualité de propriétaire sera bien rarement contestée au demandeur, et il n'aurait ordinairement aucune preuve à faire. Pour que le demandeur soit réellement tenu de justifier sa prétention, comme le veut Africain, il faut donc que ce soit à lui de prouver l'inexistence de la servitude. Ce qui viént corroborer notre opinion, c'est qu'Africain, dans la suite du texte, décide que si le défendeur ne veut pas fournir la caution *judicatum solvi*, il sera, par mesure pénale, réduit à la nécessité de faire la preuve. Si c'est une punition pour le défendeur que d'être obligé de faire la preuve, c'est donc qu'en règle générale, il n'a rien à prouver, le fardeau tout entier de la preuve incombant au demandeur.

Bien qu'il s'agisse d'un fait négatif, l'inexistence de la servitude ne sera pas difficile à prouver. Le demandeur, au moyen d'une *interrogatio in jure*, interpellera le défendeur pour lui faire déclarer sur quel titre il fonde sa prétention à la servitude. Puis, ce sera au demandeur à prouver l'inexistence du titre allégué par son adversaire. S'il n'y réussit pas, il perdra son procès; s'il y parvient, une présomption milite en sa faveur, et ce sera alors au défendeur à prendre l'offensive et à prouver en invoquant un autre titre qu'il a droit à la servitude en litige.

10. Quel est l'effet de l'action négatoire lorsque le demandeur triomphe? L'action négatoire, comme l'ac-

tion confessoire, est une action arbitraire ; le défendeur sera donc condamné à restituer les lieux, détruire tous les ouvrages qu'il aurait faits dans le but d'exercer la servitude, sauf l'exception de dol contre le demandeur qui par malice aurait sans protestation laissé s'accomplir la construction de ces ouvrages. En second lieu, le défendeur pourra être condamné à des dommages-intérêts. Ces dommages seront calculés eu égard à l'intérêt que le demandeur avait à ce que son adversaire n'eût pas joui du droit de passage sur le fonds (l. 4, § 2, VIII, 5). En outre le défendeur pourra parfois être contraint de fournir la caution *de non amplius turbando*.

CHAPITRE VI.

DES INTERDITS RELATIFS A LA SERVITUDE DE PASSAGE.

1. Objet des interdits. Quels sont ceux qui se réfèrent à la servitude de passage?
2. Interdit *ut iter agere liceat*. A quelles conditions est-il obtenu?
3. Le demandeur à l'interdit doit avoir exercé le passage pendant trente jours dans l'année même.
4. Il faut que l'exercice du passage ait eu lieu sans violence, sans clandestinité, sans précarité.
5. Par quelles personnes le demandeur peut-il être censé avoir usé lui-même du passage?
6. On peut, pour invoquer l'interdit, se prévaloir de la possession de ses auteurs.
7. De la *restitutio in integrum* qui permet parfois de demander l'interdit, lors même qu'on ne se trouve pas dans les conditions régulièrement exigées.
8. De l'interdit *de itinere actuque reficiendo*.
9. Pour obtenir cet interdit il faut prouver son *droit* au passage.

10. Quels sont les résultats de cet interdit?
11. Celui qui veut faire respecter la liberté de son fonds n'a pas d'interdit spécial ; il invoquera l'interdit *uti possidetis*.

1. Les actions ont pour but de résoudre la question de droit. La servitude existe-t-elle ou n'existe-t-elle pas, tel est le point du débat dans les actions confessoire et négatoire. Tout autre est l'objet des interdits. La question de l'existence ou de l'inexistence de la servitude n'y est pas mise en jeu. L'interdit ne statue que sur la possession de la servitude. Nous trouvons au Digeste deux interdits s'appliquant à la servitude de passage. Le premier est l'interdit *ut ire agere liceat ;* il protége l'exercice de la servitude. Le second est l'interdit *de itinere actuque reficiendo ;* il défend de porter obstacle à la réparation du chemin.

Ces deux interdits sont prohibitoires ; ils donnent donc lieu à la *sponsio pœnalis*. Ils appartiennent tous les deux à la personne qui prétend exercer la servitude de passage, et qui recourrait à l'action confessoire si elle agissait au pétitoire. Quant à celui qui veut faire respecter la liberté de son fonds, n'a-t-il aucun interdit à invoquer ? Doit-il nécessairement intenter l'action négatoire ? C'est une question que nous examinerons plus loin.

2. Interdit *ut ire agere liceat*. Voici le texte de cet interdit : *Quo itinere actuque privato, quo de agitur, vel via, hoc anno nec vi, nec clam, nec precario ab illo usus es, quominus ita utaris, vim fieri veto* (1. 1, pr. XLIII, 19).

Quelles conditions requiert le préteur pour décerner cet interdit ? Celui qui demande l'interdit n'a pas à prouver l'existence d'un droit de passage à son profit ; il n'a qu'une seule chose à prouver, c'est qu'il jouit de ce droit, qu'il en a la quasi-possession. Cette quasi-possession doit réunir deux qualités : avoir duré pendant un certain laps de temps et être exempte de vice. Etudions l'une après l'autre ces qualités.

3. Il faut d'abord que l'exercice de la servitude ait duré pendant trente jours au moins dans l'année même (*hoc anno*). L'année se compte en remontant du jour de l'interdit (l. 1, §2 et 3, eod.). Il importe peu que la jouissance n'existe plus au moment où se rend l'interdit, par la raison que l'on ne se sert pas d'un chemin continuellement, mais seulement d'une façon intermittente, alors qu'on en a besoin. L'interdit se réfère non pas *in præsens*, mais *in præteritum tempus*. Les délais qui seraient accordés à son adversaire ne peuvent nuire au demandeur ; l'année sera calculée, non pas à dater du jour de l'émission de l'interdit, mais depuis le jour où le demandeur s'est présenté devant le magistrat (l. 1, § 10, eod.).

4. En second lieu, la quasi-possession doit avoir été non vicieuse, c'est-à-dire exempte de violence, de clandestinité et de précarité. Rien de particulier à dire sur les faits qui pourraient constituer le vice de violence. — La quasi-possession serait clandestine si par exemple on continuait à exercer le passage après avoir été sommé de cesser et avoir eu connaissance de cette sommation. — Il y a vice de précarité lorsque la servitude de passage est exercée par un colon ou un concessionnaire à précaire. Leur jouissance de la servitude est tout aussi précaire que leur détention du fonds. Ils ne jouissent qu'au nom de leur maître ou concédant ; c'est lui qui aurait le droit d'invoquer l'interdit en se prévalant de leur possession. Mais l'interdit appartiendrait à l'usu-

fruitier du fonds dominant ; l'usufruitier exerce en son propre nom la jouissance du fonds et de ses attributs. Il n'a pas le droit d'intenter l'action confessoire, mais il a droit aux interdits, puisqu'ils sont attachés uniquement à la jouissance du fonds (l. 2, § 3, VIII, 5). L'interdit appartiendrait encore au séquestre du fonds dominant. Le séquestre est revêtu de la possession proprement dite, la *possessio civilis*, afin que les parties ne puissent par son ministère usucaper l'une contre l'autre *inter moras litis*. Et même, dans l'hypothèse où le fonds aurait été simplement confié à un tiers *custodiæ causa*, de telle sorte que la possession accomplie *inter moras litis* profite à la partie victorieuse, il faudrait considérer ce tiers comme ayant la possession *ad interdicta*, et par suite lui reconnaître le droit de demander l'interdit *ut ire agere liceat*.

Telles sont les conditions auxquelles le préteur subordonne l'octroi de l'interdit : avoir joui du passage au moins trente jours dans la dernière année, et avoir joui *nec vi, nec clam, nec precario*. Le titre *De itinere actuque privato* contient encore d'autres développements au sujet de ces conditions.

Pour constituer une quasi-possession de la servitude, les actes de passage doivent avoir eu lieu avec la prétention d'exercer un droit. Il n'y aurait pas de véritable quasi-possession si l'on avait passé avec l'intention de s'abstenir dés qu'on en serait sommé (l. 9, XLIII, 19).

5. On est censé avoir possédé non-seulement lorsqu'on a usé soi-même du chemin, mais aussi lorsqu'on en a usé par l'intermédiaire de ses esclaves, de ses fermiers, de ses hôtes, etc. (l. 3, § 4, eod.) ou par l'entremise du mandataire que l'on a chargé d'acheter le fonds. Mais

ces esclaves, fermiers, etc., ne sont pour nous un instrument de possession que s'ils ont usé en notre nom. Il en serait différemment s'ils avaient entendu jouir à un autre titre. Ainsi, lors qu'un de mes amis, pour arriver à mon fonds, passe sur le champ d'autrui dans la croyance que ce champ lui appartient, c'est pour lui-même et non pour moi qu'il acquerra l'interdit (l. 1, § 8, eod.).

6. Les personnes qui exercent pour nous la quasi-possession sont généralement les mêmes que celles qui conservent les servitudes au profit du propriétaire. Il y a cependant une exception : l'usufruitier qui tient la servitude au nom du propriétaire ne lui procure pas l'interdit; c'est pour lui-même, comme on vient de le voir, qu'il acquiert cet interdit. Pour que le nu propriétaire puisse invoquer la possession de l'usufruitier, il faut que l'usufruit prenne fin ; alors le nu propriétaire recueille, comme successeur, les droits de l'usufruitier. On peut en effet, pour intenter l'interdit, se prévaloir de la possession de ses auteurs (l. 3, § 5 et 6). Lorsque la possession était vicieuse chez l'auteur, elle ne profitera pas au successeur, cela va de soi; mais le vice ne se transmet pas nécessairement à ce dernier, qui pourra recommencer une possession réunissant les conditions exigées; *nec vi, nec clam, nec precario*. La seule chose que le préteur examine avant d'accorder l'interdit, c'est si la personne qui le demande a joui de cette façon pendant trente jours de l'année courante. Peu importe de quelle nature a été la possession antérieure. Bien plus, si vicieuse qu'elle soit, la possession postérieure aux trente jours d'usage conforme à la loi, n'en fera pas perdre le bénéfice : *nec enim corrumpi aut mutari quod recte*

transactum est superveniente delicto potest (l. 2, eod.). Supposons qu'après avoir joui pendant trente jours du passage *nec vi, nec clam, nec precario,* une défense de passer me soit signifiée. Si je continue pendant le reste de l'année, ce ne sera là qu'un exercice entaché de précarité, mais je n'en ai pas moins conservé le droit d'obtenir l'interdit.

7. Dans certains cas, nous apprend Ulpien (l. 1, § 9, eod.), il y aura dérogation à la règle que les actes de possession doivent avoir été posés dans la dernière année. Lorsque l'exercice du passage a été rendu impossible pendant la dernière année par une force majeure, telle qu'une inondation, le préteur accordera au demandeur à l'interdit une *restitutio in integrum* La *restitutio propter inundationem* n'est pas spécialement prévue par l'édit, mais elle sera fondée sur la clause générale : *si qua mihi justa causa esse videbitur.* La *restitutio* aura pour effet de changer le point de départ de l'année pendant laquelle sont requis les trente jours de passage. Au lieu de se compter à partir du jour où l'interdit est demandé, l'année sera calculée en remontant du premier jour de l'inondation jusqu'au jour correspondant de l'année précédente. En conséquence, le préteur est obligé de modifier la teneur ordinaire de l'interdit. Il ne dira plus : *quo itinere....* hoc anno *usus es...,* mais il mettra : *superiore anno.* Toutefois la formule ne sera rédigée de cette manière impérative que si le préteur prononce *causa cognita,* après avoir vérifié le fait de l'inondation. Si ce fait est contesté par l'adversaire, et que sa vérification soulève des difficultés, le préteur n'accordera la *restitutio* que conditionnellement pour n'être valable que si le juge reconnaît qu'il y a eu dans la dernière année

une inondation. En ce cas, voici, suivant M. Machelard (*Théorie générale des interdits*, p. 12), comment la formule était rédigée : *quo itinere superiore anno usus es, si propter inundationem hoc anno uti non potuisti.*

La *restitutio in integrum* pourrait encore être obtenue pour bien d'autres motifs, nous dit le même texte d'Ulpien. Il y aurait lieu, par exemple, à *restitutio* si le passage avait été empêché par violence. L'année dans laquelle doivent se placer les trente jours d'usage remonterait à dater du jour où la violence a commencé. A la différence de la *restitutio ob inundationem*, la *restitutio propter vim* est expressément indiquée dans l'édit du préteur.

8. Interdit *de itinere actuque reficiendo*. Il est délivré en ces termes : *quo itinere actuque hoc anno non vi, non clam, non precario ab alio usus es, quo minus id iter actumque, ut tibi jus esset, reficias, vim fieri veto. Qui hoc interdicto uti volet, is adversario damni infecti, quod per ejus vitium datum sit, caveat.*

Cet interdit est le complément du premier. La protection accordée à celui qui use d'un chemin serait illusoire, si on ne lui permettait pas de réparer ce chemin lorsque le passage y devient incommode ou impraticable.

9. L'interdit *de itinere reficiendo* présente un notable point de différence avec l'interdit *ut ire agere liceat;* pour être admis à ce dernier, il suffit de prouver trente jours d'usage dans l'année. Pareille condition est également requise pour l'obtention de l'interdit *de itinere reficiendo*, mais il faut y joindre une seconde condition : prouver qu'on a droit à la servitude de passage. Cet interdit peut donc être qualifié d'interdit pétitoire. *Hoc interdic-*

tum proprietatis causam continet (1. 1, § 2, XLIII, 1). Pourquoi le préteur est-il plus sévère pour cet interdit que pour le premier? Les textes nous en offrent la raison suivante : quand on demande simplement à être maintenu dans l'exercice du droit de passage, la position du propriétaire du fonds servant n'est pas aggravée ; elle reste telle qu'il l'a supportée depuis une année. Au contraire, lorsqu'on demande à réparer le chemin dont on se sert, on émet la prétention d'apporter un changement à l'état de choses actuellement existant. La position du défendeur serait aggravée par l'exécution de travaux sur son fonds ; l'interdit *de itinere reficiendo* doit donc être subordonné à des conditions plus rigoureuses que l'interdit *ut ire, agere liceat,* puisqu'il entraîne des conséquences beaucoup plus préjudiciables pour le fonds servant (1. 3, § 13, XLIII, 19).

Une seule personne peut intenter l'interdit *de itinere reficiendo,* c'est le propriétaire du fonds dominant ; car nul autre que lui ne saurait avoir en propriété le droit de passage. Mais il est indifférent que la servitude lui appartienne *jure civili* ou seulement *jure prætorio.* Devant le préteur qui délivre l'interdit, les règles du droit prétorien ont toute leur vigueur (1. 5, § 3, eod.).

10. L'interdit ne permet de réparer le chemin que *ut tibi jus est.* Il peut arriver que lors de la constitution de la servitude on soit convenu que le chemin ne pourrait pas être réparé, ou qu'il ne pourrait l'être que d'une certaine manière. Le préteur s'en réfère donc à la constitution de la servitude. Réparez, dit-il, comme vous en avez le droit ; c'est seulement dans cette limite que je vous protége, *vim fieri veto* (1. 3, § 14, eod.).

On entend ici par réparer un chemin le rétablir dans

son premier état. S'il s'agissait de l'élargir, de l'allonger, de le creuser ou de l'exhausser, ce ne seraient plus des réparations proprement dites; ce serait plutôt refaire le chemin que le réparer. L'interdit ne s'appliquerait pas : *Aliud est enim reficere, longe aliud facere* (l. 3, § 15, eod.).

Si, pour remettre en état le chemin, il fallait édifier un pont qui n'existait pas primitivement, cette construction nouvelle rentrerait-elle dans les ouvrages de réparation qu'autorise l'interdit? Oui, décide Labéon. Tel est aussi l'avis d'Ulpien, pourvu, dit-il, que la construction du pont soit absolument indispensable au passage (l. 3, § 16).

L'ancienne rédaction de l'interdit ajoutait expressément qu'il était défendu de mettre obstacle au transport des matériaux nécessaires pour la réparation du chemin. Mais cette addition a été supprimée depuis comme inutile; car empêcher d'apporter les matériaux sans lesquels le chemin ne saurait être réparé, c'est empêcher la réparation même. — Toutefois, celui qui transporte les matériaux devra suivre le chemin primitif, si cela est possible, ou tout au moins passer du côté où le trajet est le plus court. S'il prenait un trajet plus long pour incommoder davantage le proriétaire assujetti, celui-ci aurait le droit de s'y opposer (l. 4, XLIII, 19).

Les travaux de réparation pourront causer certains dommages au fonds servant. Aussi le préteur exige-t-il que celui qui voudra user de l'interdit fournisse au propriétaire du fonds servant la *cautio damni infecti*.

11. Tels sont les deux interdits que peut invoquer celui qui prétend à l'exercice de la servitude. Mais, de

son côté, celui qui prétend à la liberté de son fonds n'a-t-il pas d'interdits pour empêcher le passage? Devons-nous lui faire une position inférieure à celle de son adversaire et décider qu'il sera forcé de recourir à l'action négatoire? Nullement; si les textes ne lui donnent pas un interdit spécial, c'est qu'il a le droit d'invoquer l'interdit *uti possidetis* qui protége d'une manière générale la possession des immeubles contre toute espèce de troubles. Seulement, dans cette application particulière, la rédaction habituelle de l'interdit *uti possidetis* devra être modifiée. Ordinairement cet interdit est double, en ce sens que la situation des deux parties est la même; chacun des adversaires joue à la fois le rôle de demandeur et le rôle de défendeur. Le préteur s'adresse en même temps à tous les deux. Ici, au contraire, l'interdit étant donné au maître du fonds servant pour le protéger contre les entreprises de son voisin, il y a un demandeur et un défendeur distincts. L'interdit devient simple. Remarquons que, s'il était double, il pourrait être invoqué également par celui qui prétend à l'exercice du passage, et l'interdit *ut ire agere liceat* n'aurait dès lors aucune raison d'être. Quelles étaient en cette occasion les paroles employées par le préteur? Elles ne sont pas indiquées dans les textes. M. Machelard présente comme probable la formule suivante : *Uti sum fundum Aulus possidet, quominus ita possideat, a te, Numeri, vim fieri veto, nisi hoc anno non minus quam triginta diebus per eum fundum itinere usus sis nec vi, nec clam, nec precario ab Aulo.*

APPENDICE.

En dehors des servitudes conventionnelles de passage, plusieurs textes mentionnent des servitudes *légales*, ou tout au moins *judiciaircs*, de passage. Ce sont des assujettissements qu'un intérêt général a fait imposer au droit de propriété.

1° *Du passage pour accéder à un sépulcre enclavé* (l. 12, XI, 7).

A Rome, le terrain où reposait un mort était *rcs religiosa*, et comme tel inaliénable. Il arrivait fréquemment ceci : un particulier aliénait son fonds, qui renfermait un sépulcre ; il transmettait bien la propriété du fonds, mais il restait propriétaire du sépulcre. Dès lors, le sépulcre se trouvait enclos. Lorsque l'aliénateur aurait omis de se réserver un droit de passage sur son ancien fonds, il aurait pu être privé par le mauvais vouloir de l'acquéreur de tout moyen de parvenir désormais à ce sépulcre, qui pourtant demeurait confié à ses soins. Dans l'intérêt du culte des morts, la loi a obligé le propriétaire du terrain qui contient le sépulcre à fournir le passage nécessaire pour y accéder.

Cette servitude de passage a été fondée par un rescrit de l'empereur Antonin. Pour qu'elle puisse être réclamée, il faut qu'il n'y ait aucune espèce de chemin pour arriver au sépulcre (*viam non habeat*) ; la servitude n'existe qu'en vue de la nécessité absolue.

Le droit de passage est réclamé non par une action

proprement dite, mais par une *actio extraordinaria*. Le propriétaire contraint de subir le passage doit recevoir une juste indemnité.

Enfin, le juge est chargé de statuer *de opportunitate loci;* il veille à ce que le passage soit pris par l'endroit le moins dommageable pour le fonds assujetti.

L'*iter sepulcro debitum* n'est pas susceptible de s'éteindre par le *non usus* (l. 4, VIII, 6). Des motifs d'ordre public exigent qu'aussi longtemps que le sépulcre sera à l'état d'enclave, son entretien et son culte demeurent assurés.

C'est dans les dispositions de la loi 12 (XI, 7) que se trouve l'origine de la servitude créée par l'art. 682 au profit des fonds enclavés qui n'ont aucun accès sur la voie publique. Pourquoi la servitude romaine était-elle plus étroite? Comment ne s'appliquait-elle qu'au cas spécial d'enclave de sépulcre, sans comprendre l'hypothèse plus générale où le passage aurait été nécessité par les besoins d'exploitation d'un terrain enclavé? C'est probablement parce que la campagne romaine était beaucoup moins morcelée que la nôtre; et, par suite, le cas où un fonds serait à l'état d'enclave se rencontrait bien moins fréquemment que chez nous.

2° *Du passage accordé au propriétaire d'un arbre pour ramasser les fruits tombés sur le fonds du voisin* (D. XLIII, 28).

L'édit du préteur s'exprime en ces termes : *Glandem quæ ex illius agro in tuum cadat, quominus illi tertio quoque die legere auferre liceat, vim fieri veto* (l. un. XLIII, 28).

Ainsi, lorsque les fruits d'un arbre sont tombés sur

le fonds du voisin, le propriétaire de l'arbre aura, durant les trois jours suivants, le droit d'aller les ramasser. Le voisin est donc grevé, en vertu de l'édit, d'une vraie servitude de passage.

Mais, comme le droit octroyé au propriétaire de l'arbre est de nature à causer certains préjudices à la propriété voisine, il ne sera exercé qu'à charge de donner préalablement la *cautio damni infecti* (l. 9, § 1, X, 4).

3° *Du droit de passage sur les propriétés riveraines en cas d'impraticabilité d'une voie publique.*

Lorsqu'une voie publique devient impraticable par suite d'une inondation ou d'un accident quelconque, l'héritage le plus proche de la route devra fournir le passage aux voyageurs (l. 14, § 1, VIII, 6). La loi des XII Tables imposait déjà la même servitude : *Si, via per amsegetes immunita escit, qua volet, jumentum agito.*

Une disposition analogue est contenue dans la loi du 28 sept., 6 oct. 1791, sur la police rurale (tit. 1, art. 6, art. 2, et tit. 2. art. 41). Une différence importante entre la loi romaine et la loi française, c'est que chez nous les propriétaires des héritages traversés auront le droit de réclamer une indemnité au gouvernement, tandis que chez les Romains nulle indemnité ne leur était due. Le motif en est que l'entretien des voies publiques dans l'empire romain était confié aux propriétaires adjacents (l. 18, § 15, L, 4). Lors donc que la route devenait impraticable, la faute en était aux riverains, et la servitude de passage à laquelle ils se trouvaient soumis n'était qu'une juste conséquence de leur négligence.

DROIT FRANÇAIS.

ETUDE

SUR LES

SERVITUDES D'UTILITÉ PUBLIQUE

EN GÉNÉRAL

ET EN PARTICULIER SUR LES SERVITUDES ÉTABLIES PAR LA LOI ENTRE PROPRIÉTAIRES VOISINS DANS UN BUT D'INTÉRÊT PUBLIC.

L'intérêt public a fait apporter différentes modifications au libre exercice du droit de propriété ; on les désigne ordinairement sous le nom de *servitudes d'utilité publique*. Cette expression n'est pas irréprochable, nous le montrerons plus loin ; mais comme elle est consacrée à la fois par la loi, par la doctrine et par la jurisprudence, nous n'hésitons pas à l'employer pour la commodité du langage, en lui laissant sa signification habituelle, et en désignant sous ce nom toutes les restrictions, toutes les charges, en un mot toutes les modifications apportées au droit de propriété en faveur d'un intérêt général.

Ainsi que l'indique notre titre, cette étude se divise en deux parties :

La première traitera des servitudes d'utilité publique considérées dans leur ensemble ; nous essaierons de présenter les principes généraux qui dominent cette matière du droit, et nous rechercherons quelles règles sont communes à toutes ces dispositions éparses dans une foule de textes divers.

La seconde partie de cette étude contiendra un examen spécial d'une certaine catégorie de servitudes d'utilité publique, celles que doivent supporter entre eux les propriétaires voisins.

PREMIÈRE PARTIE

Des servitudes d'utilité publique en général.

CHAPITRE Iᵉʳ.

ORIGINE ET NATURE DES MODIFICATIONS APPORTÉES DANS L'INTÉRÊT PUBLIC AU DROIT DE PROPRIÉTÉ.

1. La société a le droit d'imposer des restrictions à la propriété.
2. Ces restrictions sont légitimes non-seulement au cas d'absolue nécessité, mais même au cas de simple utilité publique.
3. Dans notre droit la propriété reçoit deux sortes d'atteintes en vue de l'intérêt public.
4. Séparation entre la matière de l'expropriation et celle des servitudes d'utilité publique.
5. Les servitudes d'utilité publique, et plus généralement toutes les servitudes naturelles ou légales, constituent-elles des dérogations au droit commun ou bien le régime normal de la propriété?

L'art. 544 du Code civil consacre ce principe de droit naturel que : « la propriété est le droit de jouir et disposer des choses de la manière la plus absolue. » Mais il ajoute immédiatement la restriction suivante : « pourvu qu'on n'en fasse pas un usage prohibé par les lois et règlements. »

Cette restriction était indispensable; et, de plus, il est aisé de démontrer qu'elle se concilie parfaitement avec le principe. La propriété est une institution de droit naturel, nous l'admettons sans conteste. Mais de ce qu'elle est un droit absolu, il n'y a pas à conclure qu'elle soit toujours sans limite; il faut dire simplement qu'elle ne devra jamais être restreinte sans des motifs d'un ordre supérieur. Ces motifs se rencontrent dans tout état social. Il est impossible, en effet, de concevoir une société où chaque individu resterait investi de la plénitude de ses droits naturels. La société ne peut subsister qu'à la condition première d'imposer certaines restrictions à la liberté de la personne elle-même. Il n'est pas moins néressaire de restreindre la propriété; et ce n'est pas moins légitime, car la propriété ne saurait être plus inviolable que la liberté, dont elle est simplement une manifestation.

2. Allons plus loin : ie droit de propriété peut être modifié même en dehors des cas où cela est absolument indispensable à l'existence de la société. Toute société, civilisée du moins, ne doit pas se borner à vivre ; elle doit aussi chercher à s'améliorer. Il faut, en conséquence, que la société ait le pouvoir de surmonter tous les obstacles qui s'opposeraient à son développement. Ce pouvoir n'est pas excessif, car lorsque les hommes se réunissent en société, leur intention raisonnablement présumée n'est-elle pas que chacun rendra possible, par quelque sacrifice personnel, ce qui est utile à tous? Ainsi donc, le droit de propriété fléchira devant la loi non-seulement en cas de nécessité sociale, mais aussi pour cause d'utilité publique. C'est ce qui a lieu dans notre législation : l'art. 545 du Code, et diverses lois, notamment celle du 16 septembre 1807. et celle du 3 mai 1841, ont substitué les mots d'*utilité publique* à ceux de *nécessité publique*, qu'employaient dans un res-

pect outré et mal compris du droit individuel les constitutions des 3-24 septembre 1791 (art. 17) et 24 juin
1793 (art. 19).

3. L'art. 544 du Code étant concilié avec le respect
dû au droit de propriété, voyons quelle est la nature
des restrictions que ce texte nous a fait prévoir. La
plus grave atteinte que reçoive la propriété, c'est évidemment celle indiquée par l'art. 545 : un particulier
peut être contraint de céder sa propriété pour cause
d'utilité publique, moyennant une juste et préalable
indemnité. C'est donc la suppression même du droit
de propriété qui est converti en un simple droit à une
indemnité. L'expropriation pour cause d'utilité publique est en dehors de notre sujet.

4. C'est dans les art. 649 et 650 que se trouvent
énoncées, sous le nom de *servitudes d'utilité publique*,
les restrictions au droit de propriété qui font l'objet de
notre étude. Il importe de marquer la séparation absolue qui existe entre la matière de l'expropriation et
celle des servitudes d'utilité publique. L'expropriation
opère un déplacement de la propriété ; elle enlève l'immeuble au propriétaire pour le transporter entre d'autres mains. Au contraire, les servitudes d'utilité publique
laissent la propriété où elle est ; elles ne font que la
grever de certaines charges. Cette distinction produit
des conséquences fort importantes : les principes en
matière de servitudes d'utilité publique, et en matière
d'expropriation, sont bien différents. Lorsqu'il y a expropriation, c'est la loi du 3 mai 1841 qu'il faut appliquer tant pour les formes de procéder que pour le droit
à l'indemnité, et le règlement de cette indemnité. Au

cas de servitude d'utilité publique, c'est la loi du 16 septembre 1807 (art. 52 à 57) qui doit être suivie.

5. Nous avons déjà plusieurs fois qualifié les servitudes d'utilité publique de restrictions ou d'atteintes portées au droit de propriété. Est-il vrai de dire en effet qu'elles constituent des dispositions restrictives et exceptionnelles, des dérogations au principe de la liberté des fonds? C'est là l'objet d'une controverse déjà ancienne; la question n'existe pas uniquement pour les servitudes d'utilité publique, mais pour toute autre espèce de servitudes établies par la loi, soit conformément à la situation naturelle des lieux, soit dans un but d'utilité privée.

Depuis longtemps on a commencé à soutenir que ces charges n'étaient pas des exceptions au droit commun, comme les servitudes établies par le fait de l'homme, mais qu'elles formaient au contraire la règle générale et le droit commun de toutes les propriétés. Les Romains ne semblent avoir donné qu'avec une certaine timidité le nom de *servitus* aux restrictions apportées au droit de propriété par l'effet de la situation des lieux ou par les règles du législateur (l. 1, § 21, *De aq. et aq.* — l. 5, § 9, *De op. nov. nunt.*).

Dans l'ancien droit, Pothier ne paraissait pas non plus considérer comme des asservissements de la propriété les différentes prohibitions ou obligations introduites dans un intérêt général par les lois et règlements. Ainsi, en traitant des charges établies entre propriétaires voisins, dans un but soit d'utilité privée, soit même d'utilité publique, il n'y voit que des obligations provenant du quasi-contrat de voisinage (*Contr. de soc.* App. ii).

Aujourd'hui encore le Code reproduit la théorie de Pothier dans l'art. 1370, où il range parmi les obligations qui dérivent des quasi-contrats «les engagements formés involontairement entre propriétaires voisins.» Et un parti considérable dans la doctrine continue à voir dans les diverses charges naturelles ou légales, non pas des restrictions de la liberté des héritages, mais le régime commun et normal de la propriété. «Toutes ces dispositions, dit M. Demolombe, n'asservissent pas la propriété, comme on le dit improprement. Elles la gouvernent, elles la civilisent; elles déterminent enfin, d'une manière générale, uniforme et permanente, le mode d'existence et d'exercice, et en quelque sorte la manière d'être de la propriété en France.» (T. IX, n° 555.)

Nous ne partageons pas cette opinion. En principe, la liberté des fonds est entière et absolue. «La loi naturelle, dit Merlin, laisse à chacun la liberté de faire sur son propre fonds tout ce qu'il lui plaît.» (*Quest. de Dr. Serv.*, § 3). Lors donc que la loi empêche un propriétaire de faire sur son fonds tout ce qui lui est permis de droit naturel, elle le grève d'une charge exceptionnelle. Le Code a-t-il admis ce point de vue? On objecte l'article 1370. — Nous répondons qu'il ne faut tenir aucun compte de cette vague et tardive réminiscence de Pothier. Les rédacteurs du Code ont oublié, dans l'article 1370, qu'ils avaient abandonné auparavant la théorie de Pothier. Ce n'est pas dans un texte où elle est incidemment effleurée, ce n'est pas dans l'art. 1370 que nous devons chercher les principes de notre matière; c'est à son siége même. Or, c'est au titre des *Servitudes* qu'il est traité des diverses charges naturelles ou légales ; leurs chapitres respectifs leur donnent le nom de *servitudes*. Notre législateur pouvait-il dire plus clairement que ce sont des asservissements de la propriété, des dérogations au droit commun?

La question que nous venons d'examiner a des conséquences pratiques fort importantes, quant aux servitudes qualifiées par le Code de *Servitudes dérivant de la situation des lieux* et *Servitudes établies par la loi pour l'utilité des particuliers*. A cette question se trouve subordonnée celle de savoir quelle est l'étendue de la prescription qui aurait été accomplie à l'encontre de l'une de ces servitudes. Ainsi le propriétaire qui a possédé pendant trente ans des fenêtres à une distance inférieure à celle que prescrivent les art. 678 et 679, a-t-il acquis, outre le droit de les conserver, le droit d'empêcher le voisin de construire sur son héritage des bâtiments qui rendraient inutile l'usage de ces fenêtres? Dans notre système nous répondrions négativement : ce propriétaire n'a fait que se libérer de la servitude légale qui pesait sur lui ; il n'a pas acquis de servitude sur le fonds voisin, et ce fonds reste dans sa liberté naturelle.

Relativement aux servitudes d'utilité publique, aucune hypothèse semblable ne peut se présenter, car elles ne sont susceptibles ni de s'éteindre ni de s'acquérir par prescription. La discussion à laquelle nous nous sommes livré ne paraît donc avoir qu'un intérêt purement doctrinal quant aux servitudes d'utilité publique. Cependant il est possible d'en tirer la conclusion que voici : les servitudes d'utilité publique étant, dans notre pensée, des dérogations au droit commun, il faudra interpréter limitativement les règles de la loi sur cette matière, tandis que dans l'opinion qui se refuse à considérer les servitudes d'utilité publique comme de véritables atteintes à la liberté des fonds, on serait probablement disposé à invoquer parfois l'argument par analogie.

CHAPITRE II.

APERÇU HISTORIQUE SUR LES SERVITUDES D'UTILITÉ PUBLIQUE.

1. Des diverses restrictions apportees par les lois romaines au droit de propriété en faveur de l'utilité publique.
2. Pourquoi l'on ne trouve pas chez les Romains un ensemble de servitudes d'utilite publique.
3. Ancien droit français. Actes législatifs sur la matière. Lois générales.
4. Des règlements locaux portés par diverses autorités.
5. Des anciens usages locaux.
6. Les dispositions de l'ancien droit sur la matière des servitudes d'utilité publique sont applicables aujourd'hui, mais avec certaines modifications.

1. Les servitudes d'utilité publique étant un élément indispensable de l'ordre social, on les retrouverait, sous différentes qualifications et sous différentes formes, dans la législation de tous les temps et de tous les pays.

Les lois romaines présentent un assez grand nombre d'exemples de restrictions imposées à la propriété en faveur d'un intérêt général. Ainsi nous avons vu tout à l'heure le droit de passage pour l'entretien d'un sé-

pulcre enclavé, et le droit de passage sur les fonds riverains d'une route devenue impraticable. Ainsi encore
la loi des Douze-Tables (t. VIII, cap. 1) fixe à 2 pieds et
demi l'espace à laisser entre les constructions. *Ambitus
parietis sestertius pes esto.* Cet espace était appelé *légitime*
ou *pes sestertius.* Il fut depuis augmenté par diverses
constitutions impériales. Le Code (*De ædif. priv.*) porte
règlement de la hauteur maximum des maisons. En
consultant quelques titres du Digeste et surtout du
Code Théodosien, on rencontre certaines mesures
d'ordre public restrictives de la propriété privée. Ces
divers assujettissements n'étaient pas considérés chez
les Romains comme de véritables servitudes, mais
plutôt comme des réglementations de l'exercice du
droit de propriété. Aussi les jurisconsultes ne leur
donnent-ils pas le nom de servitudes; cependant ils
reconnaissent parfois qu'il y a là *quasi servitus* (l. 5, § 10,
De op. nov. nunt.). Comme conséquence, les questions
qui s'élevaient à propos de cette sorte de charges imposées à la propriété étaient résolues, non par voie d'action confessoire ou d'action négatoire, mais par des
actions spéciales ou par l'*imperium* des magistrats.

2. Si l'on ne voit pas dans les lois romaines un ensemble de servitudes d'utilité publique aussi complet
que dans notre législation, cela tient à ce que les magistrats ont un pouvoir discrétionnaire pour protéger
les choses *divini* ou *publici juris,* et en général pour
promulguer toutes les règles nécessaires à faire régner
l'ordre dans l'Etat. A cet effet, le préteur émet des interdits ; le Digeste nous en indique plusieurs en matière
de voirie.

Par exemple, le préteur défend de faire sur un chemin public quelque chose qui puisse nuire à la circulation, détériorer la voie (V. le tit. *Ne quid in loco publ.*). Mais en dehors des interdits mentionnés par le Digeste, il en sera délivré une quantité d'autres pour les cas non spécialement prévus. Le pouvoir discrétionnaire des magistrats pour ordonner ce que de droit est même expressément reconnu en matière de voirie par un fragment d'Ulpien (l. 2, § 17, *Ne quid in loco publ.*).

Relativement aux cours d'eau publics, on trouve aussi dans le Digeste des interdits portant prohibition de rien faire qui puisse nuire au service de la navigation, et établissant pour les riverains l'obligation de subir certaines charges qui rentrent à peu près dans celles qu'impose notre législation sous le nom de servitude de marchepied. De plus, il faut répéter ici ce que nous venons de dire plus haut sur le pouvoir discrétionnaire des magistrats. — Nous devons noter qu'en certaines matières la police et l'administration étaient dévolues à des magistrats spéciaux. Tels étaient les *curatores operum publicorum* préposés à tout ce qui concerne les travaux publics, les magistrats chargés de veiller à l'entretien et à la réparation des chemins publics par les propriétaires riverains ; tels encore les édiles et plus tard le préfet de la ville sur qui repose le service de la voirie à Rome et à Constantinople.

3. En France, au moyen âge et à l'époque féodale, il n'y a pas à chercher un système législatif de servitudes d'utilité publique. En cette matière, comme dans la plupart des autres, tout est local et tout dépend de l'arbitraire des autorités qui, à divers titres, détiennent le territoire. La royauté est trop faible pour revendiquer

la direction des services publics; les grandes routes elles-mêmes sont à la merci des seigneurs.

Lors de l'affermissement du pouvoir monarchique, on voit l'arbitraire local disparaître peu à peu devant des actes généraux qui s'occupent de régler pour tout le royaume les conflits de la propriété privée avec l'intérêt public. Le roi a fait rentrer dans ses domaines les grandes voies de communication qui avaient été usurpées par les seigneurs; à lui donc désormais de régir la matière si importante de la voirie.

Le roi ne se borne pas à régler et à protéger les choses qui font partie de son domaine, sur le reste du royaume il exerce un droit de police qui lui permet de prendre toutes les mesures nécessaires au bon ordre et aux intérêts généraux du pays. Dès le xvie siècle, mais surtout à partir du xviie, se produisent de nombreux actes législatifs ou réglementaires qui créent des servitudes d'utilité publique. Les dispositions de l'ancien droit sur la matière des servitudes d'utilité publique sont encore en vigueur aujourd'hui, soit qu'il s'agisse de lois générales, soit qu'il s'agisse d'usages locaux, lorsqu'elles n'ont été ni expressément ni implicitement abrogés. (C. c. 544, 552, 650. C. p. 484.) La catégorie des lois générales comprend divers actes émanés directement de l'autorité royale, tels que : ordonnances, édits, déclarations, lettres patentes, arrêts du roi en son conseil, etc. — Ces actes recevaient et reçoivent encore leur exécution dans tout le territoire, à moins qu'ils n'aient été spécialement rendus que pour une localité.

4. Dans la catégorie des règlements locaux viennent se ranger les actes portés par diverses autorités qui

représentaient le pouvoir royal dans une partie plus ou moins grande du royaume. Parmi ces autorités, les principales étaient :

Les *Bureaux des finances* qui, dans chaque généralité, ont dans leurs attributions la voirie et les travaux publics. Au-dessus des différents bureaux des finances est placée la *Chambre du Trésor*.

Les *Parlements*, auxquels appartenait primitivement le droit de police dans leur ressort.

Les *Intendants*, qui ne tardèrent pas à enlever aux Parlements leurs pouvoirs en matière de police, et qui, à partir du xviiie siècle, sont chargés de la voirie et des travaux publics, à l'exclusion des bureaux des finances.

Le *Châtelet*, les prévôts et échevins de Paris, le lieutenant général de la police de Paris, se partageaient le pouvoir réglementaire dans cette ville.

Enfin différents magistrats dans les cités de provinces, sous le nom d'échevins, consuls, capitouls, etc., étaient investis du droit de prendre des règlements.

Les actes émanés de ces diverses autorités, et non abrogés, sont appliqués aujourd'hui par la jurisprudence dans la partie du territoire correspondante aux anciennes divisions pour lesquelles ils avaient été faits.

5. Outre les servitudes d'utilité publique établies par les lois et règlements, il y avait encore celles qui résultaient des *usages*. Ces dernières subsistent-elles aujourd'hui ? Oui ; car les usages anciens constituaient des règlements non écrits. (Arg. Av. C. d'Et., 3 mai 1807, sur la dépense du pavé des rues non grandes routes.) Du reste, le Code, dans plusieurs textes où il renvoie

aux prescriptions de l'ancien droit, place sur la même ligne les usages et les règlements (art. 663, 674).

6. Les anciennes dispositions qui sont demeurées actuellement en vigueur, ne peuvent néanmoins s'appliquer qu'avec des modifications apportées à leur sanction pénale. Certaines peines usitées autrefois (le fouet, l'aumône pour le pain des prisonniers, l'amende arbitraire) ont disparu dans la législation moderne ; par suite, nombre de règlements se sont trouvés dépourvus de leur sanction. La loi du 23 mars 1842 a comblé cette lacune relativement aux contraventions de voirie, en établissant une amende de 16 à 300 francs pour tous les cas où l'ancien droit prononçait une amende arbitraire. Quant aux autres anciens règlements dont la sanction ne serait plus applicable, ou qui, dès l'origine, n'en contenaient aucune, ils sont protégés par l'article 471 n° 15 du Code pénal. (Amende de 1 à 5 francs.)

Autrefois la peine des infractions consistait souvent dans une amende fixe. La loi du 23 mars 1842 a permis aux juges de modérer les amendes fixes que portaient les règlements de grande voirie antérieurs à 1789. La réduction peut aller jusqu'au vingtième desdites amendes, pourvu que le minimum ne descende pas au-dessous de 16 francs.

Quant aux lois et règlements postérieurs à 1789, nous n'avons rien à en dire pour le moment. Tous ces actes antérieurs ou non à la promulgation du Code, émanés soit du pouvoir législatif, soit du pouvoir réglementaire, doivent sortir leur plein et entier effet lorsqu'ils ont été rendus selon les formes prescrites par la constitution alors en vigueur.

CHAPITRE III.

COUP D'ŒIL SUR LES SERVITUDES D'UTILITÉ PUBLIQUE DANS LA LÉGISLATION ACTUELLE.

1. Classement des servitudes d'utilité publique.
2. Servitudes relatives : à l'intérêt de la défense militaire
3. A l'intérêt de la sûreté et de la salubrité publiques.
4. A l'interêt de la richesse générale de l'État.
5. A l'intérêt de la voirie.
6. A l'intérêt des travaux publics.
7. A l'intérêt du Trésor.
8. Critique de l'expression : *servitudes d'utilile publique.*

1. Les servitudes d'utilité publique qui résultent des lois et règlements aujourd'hui existants, se présentent avec une très grande diversité. La méthode la plus simple et la plus usuelle, c'est de les grouper d'après les intérêts sociaux qui leur ont donné naissance. Ce n'est pourtant pas là une classification bien rigoureuse, car il est plusieurs servitudes qui n'ont pas été imposées en faveur d'un intérêt unique, et l'on peut parfois hésiter sur le point de savoir quel est celui de ces intérêts qu'elles sauvegardent plus particulièrement.

2. Au premier rang se place l'intérêt de la défense de l'État. Il a motivé les servitudes militaires imposées à la zone des frontières (l. 31 déc. 1790, 19 janv. 1791 ; — l. 8-10 juillet 1791), à la zone des places de guerre (l. 8-10 juillet 1791 ; — l. 17 juillet 1819). Le même intérêt a donné lieu aux occupations temporaires (l. 30 mars 1831), au droit de martelage sur les bois des-

tinés au service de la marine (Code for. 122 et 135) et au droit des salpêtriers commissionnés sur les matériaux de démolition (l. 13 fructidor an V, tit. 1 ; — l. 10 mars 1819, art. 2 à 6).

3. L'intérêt de la sûreté et de la salubrité publique a fait établir les prescriptions au sujet des bâtiments menaçant ruine (l. 16 août 1790, tit, 9, art. 3), les obligations relatives soit au desséchement des marais (l. 16 sept. 1807), et des étangs de nature à nuire à la santé ou à causer des inondations (l. 11-19 sept. 1792. — Décret en C. d'Et. 15 avril 1857 et 6 déc. 1858), soit à l'assainissement des logements insalubres (l. des 19 janv., 13 mars et 7 avril 1850). A cet intérêt se rattachent encore le droit pour les agrégations d'habitants de se procurer aux dépens de la propriété privée l'eau nécessaire à leur existence (art. 643 C. c.), l'obligation de clôture dans les villes et faubourgs (art. 663), les règles à observer pour la construction des fosses d'aisances, des cheminées, des fours et autres ouvrages de nature analogue (674), les assujettissements imposés aux ateliers dangereux, insalubres ou incommodes (Décret du 15 oct. 1818), les mesures relatives aux cimetières (Décret du 23 prairial an XII. — Décret du 7 mars 1808), enfin celles pour la conservation des eaux minérales (Ord. du 18 juin 1823. — Décret du 8 mars 1848).

4. A l'intérêt de la richesse nationale se rattachent les servitudes forestières et les différentes restrictions apportées en faveur soit du défrichement des forêts, ou du reboisement des montagnes, soit de l'exploitation des mines et minières et des mines de sel (l. 21 avril 1810) ; les servitudes en matière d'irrigation (l. 29 avril 1845 et

11 juill. 1847), et de drainage (l. 15 juin 1854), la servitude de passage en cas d'enclave (art. 682).

5. L'intérêt des communications terrestres ou fluviales a fait imposer un très-grand nombre de charges aux propriétés riveraines de la voirie. Parmi ces charges nous rangerons les prohibitions et obligations portées par les règlements relatifs à l'alignement et à la hauteur des constructions (Arrêt du Cons. 27 fév. 1765), la servitude relative aux arbres plantés sur le sol des grandes routes et aux plantations d'arbres le long des chemins vicinaux (l. 9 ventôse an XIII ; — l. 12 mai 1825), les prescriptions sur le creusement des fossés le long des routes (Arrêt du Cons., 26 mai 1705), la servitude de marchepied ou chemin de halage (Ord. 1669 sur les eaux et forêts, tit. 28), les servitudes imposées dans l'intérêt du flottage aux usines établies sur les cours d'eau où il se pratique, et aux fonds riverains de ces cours d'eau (Edit déc. 1672, chap. 17; — l. 23 juillet 1824); enfin les diverses servitudes établies pour la sûreté de la circulation sur les chemins de fer (l. 15 juillet 1845).

6. L'intérêt de la prompte et économique exécution des travaux publics a fait créer les diverses obligations relatives aux fouilles et extractions de matériaux (Arrêts du Cons. 7 sept. 1855,—20 mars 1780;—l. 12 juill. 1791, tit. 1, art. 2; — l. 7 sept. 1807, art. 55, § 2), aux occupations temporaires de terrains pour dépôt de matériaux ou pour établissement de chantiers (Arrêt du Cons. 7 sept. 1750; —· l. 21 mai 1836).

7. Enfin, à l'intérêt du Trésor correspondent les restrictions relatives à la culture du tabac (loi des finances du 28 avril 1816, art. 172 à 229).

8. Ainsi que nous l'avons fait pressentir au début de ce travail, l'expression de *servitudes d'utilité publique* n'est pas d'une rigoureuse exactitude lorsqu'on l'applique indifféremment à toutes les modifications ci-dessus mentionnées du droit de propriété. Dans le langage du droit commun, le mot de *servitudes* ne convient qu'aux charges imposées sur un fonds pour l'utilité d'un autre fonds appartenant à un autre propriétaire. Cette définition de l'article 637 ne comprendrait qu'une partie des charges ordinairement désignées sous le nom de servitudes d'utilité publique. Parmi ces charges, il en est effectivement qui sont de véritables servitudes. Citons, par exemple, les servitudes militaires, les servitudes forestières, la servitude de marchepied, les servitudes imposées dans l'intérêt du flottage aux usines, et aux fonds riverains des cours d'eau.

Ici nous trouvons tous les caractères d'une servitude dans le sens de l'article 637 ; les propriétés appartenant à des particuliers sont grevées de certaines charges au profit soit des fortifications, soit des forêts de l'État, soit des fleuves, c'est-à-dire au profit d'autres fonds appartenant à un autre propriétaire, lequel est l'Etat. Mais il y a en revanche parmi les servitudes d'utilité publique un grand nombre de charges qui n'offrent nullement le caractère requis par l'article 637. En effet, les diverses prescriptions relatives aux établissements dangereux, insalubres ou incommodes, à la construction des fosses d'aisances, cheminées et fours, au défrichement des forêts, au reboisement des montagnes, etc., ne sont pas des charges imposées pour l'utilité de tel ou tel fonds particulier ; elles existent en faveur d'un intérêt social. De plus, il est de l'essence d'une servitude qu'elle ne peut consister *ad faciendum ;* due par le fonds lui-même, elle ne peut obliger le propriétaire de ce fonds qu'à s'abstenir ou à laisser faire. Or, il y a des servitudes d'utilité publique qui grèvent d'une obligation de faire : telle est l'obligation de planter des arbres sur les héritages riverains des grandes routes, celle de demander des autorisations préalables pour tous travaux de construction ou réparation de bâtiments situés au bord des voies publiques. Dans ces cas et dans d'autres semblables, l'expression de servitudes n'est pas employée dans son sens propre.

Une méthode rigoureuse devrait donc distinguer entre les servitudes proprement dites d'utilité publique, et les simples limitations ou modifications apportées au droit commun de la propriété. Mais cette distinction ne présentant aucun intérêt pratique, après avoir fait la réserve qu'il convenait de faire au nom de la précision de langage juridique, nous maintiendrons l'expression de *servitudes d'utilité publique* avec sa signification ordinaire, et nous continuerons par conséquent à entendre sous ce nom les divers assujettissements que subit la propriété en faveur de l'intérêt public.

CHAPITRE IV.

DE L'ÉTABLISSEMENT ET DE L'EXTINCTION DES SERVITUDES D'UTILITÉ PUBLIQUE.

1. Les servitudes d'utilité publique sont établies par les *lois* et par les *règlements*.
2. En principe toute espéce d'immeubles est sujette aux servitudes d'utilité publique.

3. Les hôtels d'ambassade y sont-ils soumis?

4. Les servitudes d'utilité publique s'éteignent avec la loi ou le règlement qui les a établies; elles s'éteignent aussi avec l'intérêt public auquel elles pourvoyaient.

1. D'après l'article 544, l'usage de la propriété est subordonné non-seulement à la *loi*, mais aux *règlements*. Les lois proprement dites ne posent que des principes généraux; elles ne peuvent descendre dans les mille détails de l'application, ni prévoir les circonstances toutes locales ou accidentelles. C'est au pouvoir exécutif de développer les règles de la loi, et de les adapter aux besoins temporaires ou locaux; il le fait par des actes qui s'appellent règlements.

Il n'y a rien de plus infini et de plus varié que les modifications de la propriété qui peuvent être exigées par les divers intérêts sociaux; il fallait donc que la matière des servitudes d'utilité publique ne fût pas renfermée uniquement dans le domaine de la loi proprement dite, mais qu'elle fût aussi remise entre les mains du pouvoir exécutif.

Nous avons vu par quels actes législatifs ou réglementaires étaient établies les servitudes d'utilité publique avant 1789. La distinction entre les lois et les règlements existait dans l'ancien droit, même pour les actes émanant directement de l'autorité royale. On pourrait croire cependant que le roi, étant investi d'un pouvoir absolu, tous les actes qui provenaient de lui devaient être considérés comme des lois. Mais il n'en était rien; et l'on distinguait entre les Edits ayant un caractère législatif, et les Edits rendus par le roi en tant que pouvoir exécutif. La différence entre ces deux sortes d'Edits, c'est que les premiers étaient soumis à la formalité de l'enregistrement, tandis que les Edits ayant un caractère réglementaire étaient exécutoires sans cette formalité.

Aujourd'hui la distinction entre la *loi* et le *règlement* est encore plus sensible et mieux définie qu'autrefois. Nous n'avons pas à exposer ici la théorie de la séparation des pouvoirs, ni à examiner les formes prescrites pour la validité des lois ou des règlements, par les différentes constitutions qui se sont succédé depuis 1789. Cette excursion sur le terrain du droit public n'est nullement nécessaire à notre sujet. Nous nous contenterons de rappeler que les autorités investies aujourd'hui du droit de prendre des règlements, et par conséquent de créer dans une certaine mesure des servitudes d'utilité publique, sont :

Le chef de l'Etat,
Les ministres,
Les préfets,
Les maires.

Les *sous-préfets* n'ont pas, en général, le pouvoir réglementaire ; cependant ils en exercent une portion lorsqu'ils ordonnent ce que de droit pour faire cesser les dommages en matière de contravention de grande voirie (décret du 16 décembre 1811, art. 113). « Ils imposent par là des modifications à la propriété immobilière, soit en prescrivant, soit en empêchant la construction de travaux sur les terrains riverains des routes. » (Jousselin, *Traité des serv. d'utilité publ.*, p. 47).

2. Quels biens peuvent être grevés en vertu d'une servitude d'utilité publique régulièrement établie ? En principe, toute espèce de propriété immobilière est sou-

mise aux assujettissements pour cause d'utilité publique.

Ce principe ne reçoit aucune exception quant aux biens privés appartenant soit à des particuliers, soit à des personnes morales. Ainsi, seront grevés les biens des mineurs et des interdits, les biens dotaux malgré les priviléges d'inaliénabilité ou d'imprescriptibilité que leur reconnaît la loi civile. Ici, toutes les considérations de l'intérêt particulier doivent céder devant les exigences de l'intérêt général ; et d'ailleurs *eas alienationes lex non impedit quæ potestate juris fiunt.* — Les servitudes d'utilité publique frapperont encore sans aucune réserve les biens patrimoniaux de l'Etat, des départements, des communes et des établissements publics. Elles frapperaient même les biens du domaine de la couronne, s'il y avait un domaine de la couronne. En cas de contravention, l'administration de la liste civile, les représentants de l'Etat et des départements, les communes, les administrateurs des établissements publics seraient passibles des amendes et réparations prononcées par les lois et règlements.

En ce qui concerne les biens du domaine public, il faut aussi décider qu'ils supportent les servitudes d'utilité publique, mais sous certaines restrictions. La plupart des biens qui composent ce domaine sont affectés à un service déterminé, et pourvoient à un intérêt social. Il arrivera maintes fois que la charge de subir telle ou telle servitude d'utilité publique ne pourrait se concilier avec la destination de ces biens. Alors deux intérêts généraux se trouveront en conflit, celui en vue duquel la servitude est établie, et celui que dessert la dépendance du domaine public. Ce conflit sera résolu par l'administration. Ses différentes branches examineront ensemble les moyens de concilier les services qu'elles représentent. Ainsi, quel que soit l'intérêt de la voirie, il sera subordonné aux nécessités de la défense de l'Etat; les voies de communication ont à supporter les conséquences du régime de la zone frontière et du régime de la zone des places de guerre. — Quelquefois, néanmoins, le service de la défense militaire, lorsqu'il le pourra sans être compromis, cédera devant l'intérêt des communications. Par exemple, un chemin de fer sera autorisé à traverser la zone des fortifications d'une ville.

3. Il faut rappeler qu'au nom des règles du droit des gens, une certaine classe de biens est exempte des servitudes d'utilité publique : ce sont les hôtels d'ambassade. A ces sortes d'immeubles n'est pas applicable l'article 3 (2°) du Code civil : « Les immeubles, même ceux possédés par des étrangers, sont régis par la loi française. » Les hôtels d'ambassade sont soustraits à cette règle par la fiction d'exterritorialité. — En fait, l'ambassadeur négligera d'invoquer sur ce point ses priviléges, et il se soumettra pour son hôtel à l'observation des lois et règlements qui concernent les autres immeubles du territoire. Mais ce sera là de sa part un acte de pure déférence pour les lois du pays où il réside; car son hôtel ne doit pas être regardé comme véritablement situé sur le territoire de ce pays. Et, du reste, en admettant même en théorie que les servitudes d'utilité publique grèvent les hôtels d'ambassade, quelle serait la sanction au cas de contravention, puisque le ministre est exempt de toute juridiction civile ou criminelle de l'Etat auprès duquel il est accrédité?

A la différence de son hôtel, les immeubles que l'am.

bassadeur posséderait en France ne jouissent pas des mêmes immunités, et sont soumis à toutes les servitudes d'utilité publique. Ces immeubles, en effet, l'ambassadeur ne les possède pas à raison de son caractère politique; ils ne sont ni attachés à sa personne ni nécessaires à ses fonctions. Ils restent donc sous l'empire du droit commun.

4. Comment s'éteignent les servitudes d'utilité publique?

En premier lieu, elles s'éteignent lorsque les lois et les règlements qui les ont établies sont abrogés ou annulés.

En second lieu, elles prennent fin avec l'intérêt public pour lequel elles avaient été instituées. Quand une route, une rue, un chemin, une place de guerre ont été supprimées ou ont perdu leur destination, les servitudes imposées pour garantir ces différents services n'ont plus de raison d'être, et les propriétés qu'elles grevaient sont libérées. De même, la servitude de passage au cas d'enclave ne persistera pas après la cessation de l'enclave.

Mais il est nécessaire de s'entendre sur les causes qui constituent la suppression ou l'extinction d'un intérêt public. On a soutenu que des circonstances purement de fait étaient une cause suffisante. Ainsi, le défaut d'entretien ou l'état de dégradation d'une place de guerre ou d'une route, devraient la faire considérer comme supprimée, et dès lors entraîner l'extinction des servitudes défensives et des servitudes de voirie qui étaient établies en leur faveur.— Cette prétention est inadmissible; ce qui a été créé par un acte administratif ne peut être détruit que par un acte administratif postérieur.

Une place de guerre, une route, un chemin vicinal, une rue, etc., tiennent leur qualité en vertu d'un acte formel de l'administration ; tant que cet acte n'a pas été régulièrement abrogé, la place de guerre, la route, etc., subsistent toujours avec toutes les charges qu'elles imposent à la propriété privée.— Quant à la servitude de l'art. 682, dans le chapitre spécial que lui consacrera la seconde partie de cette étude, nous déciderons néanmoins qu'elle prendra fin *ipso facto* dès que l'enclave aura cessé. C'est que l'enclave résulte uniquement d'un état de fait ; elle n'a nul besoin, pour donner droit à la servitude de passage, d'être déclarée par un acte du gouvernement ; et, par suite, l'état d'enclave peut cesser avec les conséquences qu'il entraîne, sans aucune intervention de l'autorité.

CHAPITRE V.

CARACTÈRES DISTINCTIFS DES SERVITUDES D'UTILITÉ PUBLIQUE.

1. Les servitudes d'utilité publique ne peuvent être établies que par les lois et règlements.
2. A quel signe distinguer les servitudes légales d'utilité publique et les servitudes légales d'utilité privée ?
3. Parmi les servitudes d'utilité publique, les unes concernent d'une façon directe et exclusive l'intérêt social, les autres le concernent également, mais par l'intermédiaire de certains particuliers auxquels elles profitent tout d'abord.
4. Le Code civil, bien qu'il paraisse ne s'occuper que des servitudes d'utilité privée, contient plusieurs servitudes d'utilité publique.
5. L'article 643 établit une véritable servitude d'utilité publique.

6. De même les articles 663, 674 et 682.

7. Pourquoi le Code renvoie au droit administratif pour la législation des servitudes d'utilité publique.

8. Les servitudes d'utilité publique peuvent contraindre *ad faciendum*, mais alors même elles conservent leur caractère de charges réelles.

Les servitudes d'utilité publique présentent plusieurs caractères propres qui les distinguent des autres espèces de servitudes.

1. Les servitudes d'utilité publique ne résultent que des lois et des règlements. Ce sont des servitudes légales. Il n'y a donc pas à les confondre avec les servitudes qui proviennent de contrats. Lors même que les servitudes conventionnelles auraient pour but de procurer quelque avantage au corps social, elles n'en prendraient pas la qualité de servitudes d'utilité publique. Ainsi, les servitudes qui peuvent être dues aux fonds privés de l'État, des départements, des communes, profitent, il est vrai, à la richesse publique, mais elles n'en restent pas moins des servitudes de droit commun, soumises à toutes les règles ordinaires du Code ; car ce ne sont pas des servitudes *légales*, mais des servitudes établies soit par voie de contrats administratifs, soit par voie de prescription. Il suit de là notamment que ces servitudes ne sauraient être acquises sur des biens qui seraient inaliénables ou imprescriptibles. Au contraire, les servitudes d'utilité publique étant légales, frappent *potestate juris* tous les biens (sauf certaines réserves pour ceux du domaine public), quelle que soit leur nature, et quelle que soit la condition civile de ceux qui les possèdent.

2. Mais s'il est vrai de dire que toutes les servitudes d'utilité publique sont légales, ce serait une grosse erreur que de retourner cette proposition et d'avancer que

toutes les servitudes établies par les lois sont des servitudes d'utilité publique. Le Code nous apprend, dans l'art. 649, que : « les servitudes établies par les lois ont pour objet l'utilité publique ou communale, ou l'utilité des particuliers. » Tout ce qui concerne cette première espèce de servitudes légales, ajoute l'art. 650, est déterminé par des lois et règlements particuliers. Quant aux autres, elles sont régies par le Code. Ce qui produit, nous le verrons plus loin, des différences fort importantes.

Il est donc essentiel de séparer soigneusement ces deux catégories de servitudes légales ; celles qui ont pour objet l'utilité publique, et celles qui ne concernent que l'utilité des particuliers. L'utilité publique ne doit pas s'entendre seulement des besoins généraux de la société et de l'intérêt de la nation, elle comprend encore l'intérêt des départements, des arrondissements et des communes considérés non pas comme propriétaires, mais comme fractions de l'Etat. L'utilité publique s'entend aussi des besoins de divers établissements publics ou industriels, non en ce qui touche leur intérêt privé, mais par rapport aux avantages qu'ils procurent à la société. Lors donc qu'une servitude établie par la loi favorise un ou plusieurs de ces intérêts généraux, c'est une servitude d'utilité publique.

Cette définition pèche encore, il faut l'avouer, par une élasticité trop grande. En effet, parmi celles des servitudes légales que l'on considère d'un commun accord comme étant purement relatives à l'intérêt des particuliers, il en est bien peu qui, en définitive, ne tournent au profit de l'avantage public. Ainsi, pourrait-on dire, l'obligation de bornage (en admettant que ce soit une servitude), les distances et prescriptions à observer pour les vues sur la propriété du voisin, sont des charges imposées dans l'intérêt public, puisqu'elles contribuent à éviter entre propriétaires des contestations et des rixes toujours préjudiciables au bon ordre de l'Etat. Ainsi encore, les règles de la mitoyenneté constitueraient des mesures d'utilité publique, puisqu'elles ont pour résultat d'empêcher d'inutiles dépenses de travail et de capitaux. Cependant, nous ne songeons pas plus que personne à contester que les dispositions du Code, relativement au bornage, à la mitoyenneté, aux vues sur la propriété du voisin, n'ont été inspirées que par des motifs d'utilité privée.

Quel est donc le signe auquel reconnaître qu'une servitude légale est aussi une servitude d'utilité publique? Voici, croyons-nous, la seule règle qui puisse être donnée : lorsque c'est *principalement* en vue d'un motif d'intérêt général que la servitude a été établie, c'est une servitude d'utilité publique. Peu importe qu'accessoirement elle profite à des particuliers ; ce n'est pas pour eux qu'elle a été créée. A l'inverse, quand une servitude légale a rapport principalement à l'intérêt des particuliers, c'est une servitude d'utilité privée, lors même qu'indirectement elle produirait d'heureux résultats pour l'ordre public.

3. En conséquence, la qualité de servitude d'utilité publique appartient d'abord à celles qui concernent exclusivement l'intérêt général, et dont les particuliers ne bénéficient pas comme propriétaires, mais comme membres du corps social. Telles sont les servitudes militaires, les servitudes de voirie, etc. En second lieu, il faut reconnaître comme servitudes d'utilité publique

toute une catégorie de servitudes qui, à la vérité, procurent une utilité immédiate à certains particuliers, mais qui ont pour but essentiel l'intérêt général de la société tout entière. Les individus ne sont ici que des intermédiaires pour faire parvenir à la société les avantages qu'ils ont recueillis : ce n'est nullement leur intérêt privé que de semblables servitudes ont pour objet. Cette classe de servitudes se compose d'un assez grand nombre d'assujettissements établis par la loi entre propriétaires voisins, soit dans l'intérêt des constructions, de la sûreté, de la salubrité publique, soit en faveur de la culture des terres, de l'irrigation, de l'exploitation des produits souterrains, etc.

Nous nous occuperons d'une manière spéciale de tous ces assujettissements dans la seconde partie de notre étude, et nous montrerons qu'ils constituent de véritables servitudes d'utilité publique. Ils doivent en principe être gouvernés par toutes les règles des autres servitudes d'utilité publique, auxquelles on pourrait donner le nom de servitudes *directes* d'utilité publique, tandis que celles-ci n'atteignent qu'indirectement leur but d'intérêt général, après avoir profité tout d'abord à quelques particuliers.

Malgré cette différence dans leur mode d'action, les servitudes *indirectes* d'utilité publique sont soumises, nous le répétons, à toutes les règles applicables aux servitudes directes ; si l'on rencontre parfois quelques dérogations à ces règles, ce n'est qu'en vertu d'une disposition formelle de la loi.

4. Nous venons de déterminer quels sont les éléments constitutifs des servitudes d'utilité publique, à savoir l'établissement par la loi, et un but plus ou moins im-

médiat d'intérêt général. Il nous sera facile maintenant de reconnaître les servitudes d'utilité publique, même sous les dénominations inexactes qu'elles peuvent avoir reçues dans les lois.

Ainsi nous trouvons plusieurs servitudes d'utilité publique dans le Code lui-même. Cette proposition est cependant contraire à la lettre du Code, puisque l'art. 650 nous renvoie à des lois et règlements particuliers pour tout ce qui concerne les servitudes d'utilité publique.

Et, en effet, les rubriques des différents chapitres du titre *des servitudes* semblent complètement étrangères à ce genre d'assujettissements. — Mais si l'on ne s'arrête pas à l'apparence, on se convaincra par un rapide examen que le Code contient en réalité plusieurs servitudes d'utilité publique.

5. Prenons d'abord le chapitre Ier, intitulé : *Des servitudes qui dérivent de la situation des lieux*. Le Code place ces servitudes dans une catégorie à part; mais au fond ce sont des servitudes établies par la loi, comme celles du chapitre suivant. Sans doute, en théorie, la distinction que fait le Code entre les servitudes du chapitre Ier et celles du chapitre II n'a rien que de fort rationnel. M. Duranton observe ingénieusement à ce sujet : « Les servitudes dérivant de la situation naturelle des lieux n'ont rien d'arbitraire ; elles n'appartiennent pas plus à une législation qu'à une autre. Elles ont été dès l'origine de la propriété ce qu'elles sont aujourd'hui, sauf quelques légères différences. C'est donc véritablement la nature qui les a écrites elle-même sur les héritages tels qu'ils sont pour ainsi dire sortis de ses mains..... Il n'en est pas tout à fait ainsi des servitudes

dites légales ; elles s'appliquent, soit activement, soit passivement, à des héritages dont la main de l'homme a changé l'état naturel et primitif. Quoique fondées sur des besoins et des intérêts généraux parfaitement sentis, elles ont quelque chose d'arbitraire. » (Tome V.)— En somme, cela revient à dire que le législateur a écrit les unes comme les autres, mais seulement qu'il aurait la main plus sûre pour tracer les servitudes dérivant de la situation des lieux, car il les écrit pour ainsi dire sous la dictée de la nature, tandis que pour les autres servitudes il est livré davantage à son inspiration personnelle. Quoi qu'il en soit de la justesse de cette remarque, la distinction entre les servitudes naturelles et les servitudes légales ne produisant aucune conséquence pratique, il est permis, sans danger, de n'en pas tenir compte et de ne pas voir aux premières une origine supérieure à celle des secondes. Concluons sur ce point en prenant comme servitudes légales toutes les servitudes qualifiées par le Code de servitudes dérivant de la situation des lieux, et demandons-nous si elles intéressent l'utilité publique ou l'utilité privée. En général, elles ne concernent que cette dernière ; telles sont la charge de recevoir les eaux qui découlent naturellement du fonds supérieur (art. 640), la servitude que l'on peut acquérir sur les eaux d'une source appartenant à autrui (art. 641 et 642), etc. Le but de ces assujettissements ne va pas au delà de l'intérêt des particuliers qui en profitent.

Mais en revanche l'art. 643 nous présente une disposition qui doit nécessairement être considérée comme une servitude d'utilité publique : « Le propriétaire de la source ne peut en changer le cours lorsqu'il fournit aux habitants d'une commune, village ou hameau l'eau qui leur est nécessaire. » Pourvoir à ce que des agrégations d'habitants ne manquent pas d'un objet indispensable à leur existence, n'est-ce pas là une mesure qui intéresse essentiellement le bien-être général et la sécurité de l'Etat? C'est donc une véritable servitude d'utilité publique qu'établit l'art. 643, et même une servitude d'utilité publique au premier chef, une de celles que nous appelions tout à l'heure servitudes *directes* d'utilité publique. Elle est fondée uniquement en faveur d'un besoin public, et ne concerne ni de près ni de loin l'intérêt de tels ou tels individus. La doctrine et la jurisprudence s'accordent, en effet, pour décider qu'elle ne saurait être réclamée dans l'intérêt d'un ou même de plusieurs particuliers agissant en leur nom personnel *ut singuli*; elle n'appartient qu'aux habitants d'une commune, village ou hameau, considérés *ut universi*, et représentés comme personne morale.

6. Si nous passons ensuite au chapitre des servitudes établies pour l'utilité publique, nous y rencontrons plusieurs charges de voisinage qui, tout en procurant à l'intérêt des propriétaires entre lesquels elles existent, n'en ont pas moins pour but final les besoins ou les avantages généraux de la société, ce qui suffit pour leur donner le caractère de servitudes d'utilité publique. Ce sont :

1° La charge de contribuer aux constructions et réparations de la clôture faisant séparation des maisons, cours et jardins dans les villes et faubourgs. (Art. 663.)

2° Les prescriptions relatives à la distance et aux ouvrages intermédiaires requis entre certaines constructions et un mur mitoyen ou non (art. 674).

3° La servitude de passage accordée au propriétaire dont le fonds est enclavé et n'a aucune issue sur la voie publique (art. 682).

Sans doute, ces différents assujettissements profitent tout d'abord aux propriétaires intéressés, et de là vient l'erreur que le Code a commise en les classant parmi les servitudes d'utilité privée ; mais il n'en est pas moins vrai qu'ils forment en réalité des servitudes d'utilité publique, car ils ont pour principal objet de répondre aux exigences de l'intérêt général. C'est ce qu'il nous sera facile de démontrer lorsque dans la seconde partie de notre travail, nous envisagerons séparément chacune de ces servitudes.

7. On peut se demander pourquoi le Code ne traite pas des servitudes d'utilité publique, sinon par exception, et pourquoi il renvoie, pour toute cette partie si importante du droit, aux lois et règlements épars dans la législation administrative. Voici probablement les raisons à en donner : le Code, du moins dans la pensée de ses auteurs, est une œuvre stable et définitive ; en tout cas, il n'est destiné à subir que des modifications rares et lentement élaborées. Ce caractère de fixité ne convient pas à la matière des servitudes d'utilité publique qui demande sans cesse à être révisée par le législateur, car elle est variable et sujette à l'influence des temps, des lieux et des circonstances, comme les intérêts auxquels elle répond. — De plus, cette matière appelait des règles de compétence et de sanction tout autres que celles du droit commun ; elle touche de trop près à l'ordre public pour ne pas rentrer dans les attri-

butions du pouvoir administratif. Le Code a voulu se borner à régler les rapports des citoyens entre eux pour leurs droits privés ; il a évité de s'immiscer dans le règlement de leurs rapports avec l'autorité.

Nous l'avons déjà remarqué, les servitudes d'utilité publique diffèrent des servitudes ordinaires par la nature des charges qu'elles imposent à la propriété. Les servitudes de droit privé consistent uniquement *in patiendo*, ou *in non faciendo* pour le propriétaire assujetti ; jamais elles ne l'obligent *ad faciendum*. Au contraire, les servitudes d'utilité publique sont beaucoup plus onéreuses pour la propriété. Elles ne se bornent pas toujours à la frapper de certaines prohibitions, ou à la contraindre de souffrir certains inconvénients ; parfois aussi elles imposent aux propriétaires grevés une obligation de faire. Telles sont notamment plusieurs servitudes de voirie : l'obligation de planter des arbres sur les fonds riverains des routes ; de demander l'alignement le long des voies publiques ; de contribuer aux frais de pavage ou d'empierrage des rues, etc. Mais lors même qu'elles s'écartent ainsi de la notion communément attachée au mot de servitude, elles s'en rapprochent cependant à certains égards. C'est bien moins la personne du propriétaire que le fonds lui-même qui est grevé de ces obligations de faire : il s'agit de charges réelles. Le propriétaire pourrait donc s'y soustraire par l'abandon de son fonds, puisqu'il n'est tenu que *propter rem* (arg. de l'art. 699). Ce caractère de réalité est reconnu de la manière la plus formelle à l'obligation de contribuer au pavage : 1° par l'édit de décembre 1607 (art. 12), qui la met à la charge des *détenteurs* des maisons riveraines ; 2° par l'avis du Conseil d'Etat en date du 3 mars 1807, où se trouvent ces mots : «le pavé des rues non grandes routes doit être mis *à la charge des maisons* qui les bordent. » Cet avis, notons-le, a force de loi, car il a été approuvé par l'Empereur le 25 mars 1807, et inséré au *Bulletin des lois*. — De même, lorsqu'il a été fait des constructions et réparations sans que la permission en ait été obtenue, c'est l'immeuble lui-même, et nón la personne du contrevenant qui est responsable, du moins aux yeux de l'autorité administrative. Peu importe que les travaux aient été exécutés par un locataire ou même par un précédent propriétaire. L'administration est libre de s'en prendre au propriétaire actuel. C'est lui qui répond pour l'immeuble, et qui sera seul condamné, outre la démolition des travaux, à payer l'amende portée par la loi. Il ne lui restera que la ressource d'un recours en garantie contre l'auteur de la contravention. — En résumé, l'on peut dire qu'en matière de servitudes d'utilité publique, le propriétaire qui déguerpit ne s'affranchit pas seulement pour l'avenir ; il s'affranchit même pour le passé, au moins dans une certaine mesure, puisqu'il aura chance de ne pas être actionné directement par l'administration pour les contraventions qu'il aurait commises.

CHAPITRE V.

DES CONSÉQUENCES DU PRINCIPE D'UTILITÉ PUBLIQUE.

1. Il est interdit de déroger par des conventions particulières aux servitudes d'utilité publique.
2. On ne prescrit pas contre les servitudes d'utilité publique.

3. En principe, la poursuite des contraventions en matière de servitudes d'utilité publique est exclusivement réservée à l'autorité.
4. De la juridiction compétente et de la sanction applicable.

1. Il ne peut pas être permis à des individus de rendre sans effet les précautions que le législateur a édictées dans l'intérêt public. Toute convention privée qui dérogerait à une servitude d'utilité publique tomberait sous le coup de l'art. 6 du Code civil. Serait donc frappée d'une nullité radicale, toute restriction, toute modification, toute clause de renonciation que des particuliers auraient apportée à une servitude établie par une loi d'ordre public, ou par un règlement de police. Par exemple, il a été jugé bien souvent que les propriétaires de bois ne pourraient renoncer aux dispositions de l'ordonnance de 1669, et du Code forestier qui les protégent dans une certaine mesure contre les droits d'usage, de pâturage, parcours, panage et glandée, car ces dispositions n'ont pas été introduites en faveur des particuliers eux-mêmes, mais dans l'intérêt de la richesse forestière (Cass., 22 juin 1826 : 3 juin 1835 ; 19 novembre 1836). Si les auteurs du propriétaire de bois, ou si ce propriétaire lui-même s'était interdit toute poursuite devant les tribunaux, à raison des délits ultérieurs qui pourraient être commis par les usagers dans la forêt, une pareille clause serait absolument nulle et ne préserverait pas les usagers contre l'application des peines qu'ils auraient encourues. (Cass., 26 mars 1847.)

L'art. 6 prohibe également toute convention par laquelle les propriétaires voisins voudraient se soustraire aux charges que la loi a établies entre eux, dans un but d'utilité sociale. Nous verrons plus tard les applications de cette règle, quant aux art. 663, 674 et 682.

C'est là une des conséquences les plus importantes de la proposition que nous avons établie tout à l'heure : ces différents textes contiennent de véritables servitudes d'utilité publique, auxquelles il est interdit de déroger, bien que le Code les ait placées parmi les servitudes d'utilité privée qui restent au contraire sous l'empire de la liberté des conventions.

2. La prescription est aussi impuissante que les conventions privées à porter atteinte aux servitudes d'utilité publique, puisque la prescription suppose une convention antérieurement intervenue. *Præscriptio longi temporis juri publico non debet obsistere* (1. 6. C. *De operibus publicis*). Ainsi, on ne prescrit pas contre la défense de creuser un puits ou une fosse d'aisances contre le mur du voisin. De même, la prescription ne saurait affranchir les propriétaires de l'obligation de bâtir ou de réformer leurs maisons suivant les plans donnés ou approuvés par l'administration ; et, d'une manière générale, la possession si longue qu'elle soit n'empêche pas qu'un état de choses contraire aux lois et règlements ne demeure une contravention répressible.

3. En principe, c'est à l'autorité seule qu'il appartient de poursuivre la répression des contraventions aux servitudes d'utilité publique. Dans une matière qui intéresse aussi directement l'ordre public, le droit de poursuite ne peut pas être abandonné à la discrétion des particuliers (Ord. cont. 26 août 1829). Ceux-ci n'auraient même pas le droit d'intervenir dans l'action qui serait intentée et suivie par l'autorité administrative (Ord. cont. 15 juillet 1841). Le droit des citoyens se borne à signaler à l'autorité les contraventions en matière de servitudes d'utilité publique qui lèsent des

intérêts privés ou nuisent à l'intérêt public. Sauf, bien entendu, la ressource des actions civiles en vertu des art. 1382 et 1383 du Code, pour les particuliers qui justifieraient d'un préjudice direct par eux éprouvé.

Toutefois, au principe de la compétence exclusive de l'administration pour les poursuites, il faut apporter un certain nombre d'exceptions. Ces exceptions se rencontrent dans la catégorie des servitudes d'utilité publique dont nous ferons bientôt un examen spécial, celle des servitudes établies entre propriétaires voisins. Ici l'intérêt des particuliers est trop en jeu pour que le droit de poursuite ne leur ait pas été remis, tantôt en concurrence avec l'autorité, comme nous le verrons notamment sur l'art. 674, tantôt même à son exclusion.

4. La sanction pénale des contraventions en matière de servitudes d'utilité publique consiste généralement dans une amende et dans la restitution des lieux.

Quant au tribunal compétent, c'est le conseil de préfecture pour la plupart des servitudes d'utilité publique : servitudes militaires, servitudes de grande voirie, servitudes pour la navigation, etc. — Par exception, les servitudes d'utilité publique contenues dans le Code lui-même demeurent soumises aux tribunaux civils.

A l'égard des servitudes d'utilité publique établies par de simples règlements, il y a uniformité dans la juridiction et dans la sanction. La juridiction compétente est celle du tribunal de police. La sanction est indiquée dans l'art. 471, n° 15, du Code pénal : « Seront punis d'amende depuis 1 franc jusqu'à 5 francs inclusivement... ceux qui auront contrevenu aux règlements légalement faits par l'autorité administrative et ceux qui ne se seront pas conformés aux règlements ou arrêtés publiés par l'autorité municipale en vertu des art. 3 et 4, tit. XI de la loi du 16-24 août 1790. » De ces mots : « les règlements *légalement* faits », résulte pour le juge le pouvoir d'apprécier la légalité du règlement. Il refusera d'appliquer la peine lorsque le règlement lui paraîtra illégalement rendu ou contradictoire à la loi: Mais le pouvoir du juge ne va pas au delà de la question de légalité. Du moment qu'une disposition règlementaire est exempte de tout vice d'illégalité, le juge devra l'appliquer rigoursement sans se préoccuper de sa justice ou de son opportunité. Nulle excuse autre que celles formellement établies par la loi ou le règlement n'est admissible en matière de contravention aux règlements. (V. Dufour, *Droit administr.*, t. I, n° 70.) C'est en vain qu'on invoquerait le défaut de mauvaise intention, la bonne foi, l'ignorance ou la difficulté d'obéir aux règlements (Cass., 7 déc. 1826, 13 févr. 1827, 13 mars 1834).

CHAPITRE VII.

DE L'INDEMNITÉ EN MATIÈRE DE SERVITUDES D'UTILITÉ PUBLIQUE.

1. Est-il dû une indemnité à raison de la création d'une servitude d'utilité publique?
2. Motifs en faveur de l'affirmative. Réfutation.
3. Il n'y a jamais lieu à une indemnité, sauf dans les cas spécialement prevus par la loi.
4. Exposition et critique de plusieurs doctrines mixtes. M. Serrigny.
5. Système de M. Gand.

6. De la juridiction compétente pour le règlement des indemnités dans les cas où elles peuvent être dues. C'est la juridiction administrative lorsque l'indemnité est réclamée contre l'État.
7. De la compétence lorsque l'indemnité est réclamée contre un autre débiteur que l'État.

1. Une indemnité peut-elle être due pour les servitudes d'utilité publique? Cela ne fait pas de doute lorsque l'indemnité est formellement accordée par un texte de loi; par exemple, il y a lieu à indemnité pour la servitude d'extraction de matériaux, en vertu des dispositions précises de l'arrêt du Conseil du 7 déc. 1755 et de la loi du 16 sept. 1807, art. 55; de même la loi du 2 brumaire an VIII veut qu'il soit payé une indemnité aux propriétaires qui seraient contraints de faire arracher leurs bois sur le bord des grandes routes. On pourrait citer encore plusieurs autres textes qui placent une indemnité en regard de la servitude d'utilité publique qu'ils établissent. Mais la question grave et très-débattue que nous avons à examiner est celle-ci : en principe, les servitudes d'utilité publique donnent-elles droit à indemnité soit contre l'Etat, soit contre les particuliers, indépendamment d'une disposition formelle de la loi?

2. On pourrait soutenir que les propriétaires assujettis aux servitudes d'utilité publique souffrent une expropriation partielle; qu'il y a lieu par conséquent d'appliquer l'art. 545 et d'accorder toujours une indemnité. Mais cette opinion ne nous paraît pas acceptable. Il est impossible d'étendre aux servitudes d'utilité publique les principes de l'expropriation, puisque ces deux matières présentent entre elles un contraste évident. Tandis que l'expropriation consiste dans un déplace-

ment de propriété, les servitudes d'utilité publique n'opèrent aucune dépossession ; elles laissent l'immeuble aux mains du propriétaire, et ne font que le grever de certaines charges. En un mot, « il n'y a pas d'expropriation là où il n'y a pas mutation de propriété « (Proudhon, *Dom. publ.*, n° 837).

L'art. 545 ne peut donc fournir aucun argument en faveur de l'indemnité ; il se retourne même contre ce système. En effet, l'art. 544, qui pose le principe des servitudes d'utilité publique, garde le silence au sujet de l'indemnité, tandis que l'art. 545, en établissant le principe de l'expropriation, statue formellement qu'il y aura indemnité. De la comparaison de ces deux articles ne ressort-il pas que le législateur a voulu refuser l'indemnité dans le premier cas, et ne l'accorder que dans le second? Aussi, la doctrine la plus sûre est-elle celle qui décide que les servitudes d'utilité publique ne donnent jamais lieu à indemnité, à moins d'un texte spécial.

3. L'argument déjà si péremptoire que l'on tire du rapprochement des art. 544 et 545 pour dénier l'indemnité, se fortifie encore quand on consulte tous les autres textes du Code relatifs aux servitudes d'utilité publique. Les art. 552, 649, 650 sont muets sur la question de l'indemnité. En dehors du Code, une indemnité est parfois allouée pour certaines servitudes d'utilité publique, mais elle fait défaut pour la grande majorité d'entre elles, et nulle part le principe de l'indemnité n'est reconnu.

C'est que des raisons très-sérieuses empêchaient le législateur d'admettre le système de l'indemnité. Les servitudes d'utilité publique ont en général un carac-

tère de réciprocité qui constitue par lui seul une véritable indemnité pour les propriétaires. Il est peu d'immeubles qui n'aient à supporter une ou plusieurs
servitudes d'utilité publique. Le propriétaire qui récla-
merait une indemnité serait obligé de contribuer à son
tour à indemniser tous les autres propriétaires qui sont
dans la même situation. Il n'y aurait là qu'une source
d'embarras et de complications. Il vaut bien mieux que
l'indemnité s'opère pour ainsi dire par voie de compensation ; chacun supporte gratuitement les charges
nécessaires à l'intérêt général de la société, et voit une
compensation dans le sort analogue qui est fait à ses
concitoyens.

La jurisprudence, soit du Conseil d'Etat, soit des tribunaux judiciaires, a constamment repoussé le principe de l'indemnité. C'est ce que font aussi la plupart
des jurisconsultes : Cormenin (*Dr. administr.*, t. II, p. 223),
Proudhon (*Dom. publ.*, nᵒˢ 322 et 871), Laferrière (*Dr.
publ.*, t. I, p. 592), Jousselin (*Tr. des serv. d'ut. publ.*,
chap. 5), Demolombe (t. XI).

4. Il nous faut à présent examiner divers amende-
ments par lesquels on a essayé d'introduire des systèmes mixtes entre les deux solutions extrêmes que
nous venons d'exposer.

M. Serrigny (*Dr. publ.*, t. II, p. 465) concède que,
pour le plus grand nombre des servitudes d'utilité publique, il ne sera dû aucune indemnité ; mais il ne veut
pas cependant restreindre l'indemnité aux cas où elle
est expressément allouée par une loi spéciale. Voici la
théorie qu'il tente d'établir : s'agit-il d'une servitude
positive qui oblige le propriétaire du fonds servant à
souffrir l'exercice d'actes qui diminuent sa jouissance, il

doit lui être accordé une indemnité ; s'agit-il, au contraire, d'une servitude purement négative qui empêche simplement le propriétaire d'avoir le libre et complet usage de son fonds, il n'est pas dû d'indemnité. A l'appui de cette distinction, M. Serrigny invoque d'abord différents textes de loi. En général, dit-il, la loi donne une indemnité pour les servitudes positives. Ainsi, elle fixe une indemnité : 1° pour la servitude d'extraction de matériaux ; 2° pour la servitude en vertu de laquelle les riverains des grandes routes sont contraints d'arracher leurs bois sur une largeur de 120 mètres ; 3° pour la servitude du chemin de halage (Décr. 22 janv. 1808), mais seulement au profit des riverains des fleuves et rivières qui seraient déclarés navigables postérieurement à ce décret ; 4° pour la servitude de prise de bois dont certains propriétaires de forêts sont grevés dans l'intérêt des travaux de fascinage à faire sur le Rhin (C. for., art. 141).

Au contraire, prétend M. Serrigny, la loi n'accorde jamais d'indemnité à propos des servitudes négatives : telles sont la prohibition d'élever des constructions ou de creuser des fossés dans le rayon des places de guerre, de défricher son bois sans la permission de l'administration, de réparer une maison joignant la voie publique sans une permission du même genre, ou de construire sans autorisation du gouvernement à une certaine distance des bois soumis au régime forestier. Dans ces cas et autres analogues, la loi est muette sur l'indemnité.

Cette différence entre les servitudes positives et les servitudes négatives est très-rationnelle, continue M. Serrigny, les servitudes positives ont pour objet de détruire totalement ou partiellement le résultat de l'exercice du droit de propriété. Elles causent donc toujours un dommage visible et estimable, et il est juste que les propriétaires soient indemnisés. Il n'en est pas ainsi des servitudes négatives; elles ne font qu'empêcher l'exercice du droit de propriété, quand cet exercice ne s'est pas encore manifesté; il n'est pas certain qu'elles occasionnent toujours un dommage au propriétaire : « Par exemple, qui peut dire si la servitude qui prohibe le défrichement libre des bois, ou celle qui défend de construire, sont toujours des causes de dommage pour le propriétaire ? Peut-être n'aurait-il point défriché ni bâti, en l'absence même de la servitude? L'indemnité pourrait donc être, en ce cas, une source de gain, au lieu d'être la réparation d'un préjudice causé. » .

Nous ne croyons pas devoir admettre la distinction introduite par M. Serrigny. D'abord il n'est pas exact de dire que la loi attache en général une indemnité aux servitudes positives. Il est facile de citer un très-grand nombre d'exemples. de servitudes de cette classe qui sont imposées sans aucune indemnité. Ainsi : la servitude de chemin de halage le long des rivières où la navigation existait avant le décret du 22 janvier 1808 (lors même que l'administration n'a établi le chemin de halage que postérieurement audit décret. Ord., 13 août 1840, Pierre); la servitude d'écoulement des eaux à la charge des riverains des routes, les plantations forcées le long des routes, la suppression forcée des étangs, etc. Ensuite, la théorie de M. Serrigny ne se justifie pas davantage au point de vue rationnel; les servitudes négatives ne sont pas moins onéreuses que les servi-

tudes positives ; elles infligent tout aussi bien que les
secondes un dommage sensible et considérable. Est-ce
que la servitude de reculement, la prohibition d'élever
les maisons au delà d'une hauteur déterminée, ne causent pas aux propriétaires un préjudice évident et très-
appréciable ?

5. Une autre théorie a été proposée par M. Gand (*Tr.
de l'exspropr.*). Selon cet auteur, il faudrait distinguer
utre les servitudes qui résultent d'une mesure générale, et celles qui résultent d'une mesure particulière. Pour les secondes seulement, il y aurait indemnité.

On sait que le pouvoir administratif à tous ses de-
grés procède de deux façons, soit par mesures réglementaires, soit par mesures individuelles et spéciales.
Le chef de l'Etat rend des décrets généraux et des décrets spéciaux. Les ministres, les préfets, les maires,
chacun dans la sphère de leurs attributions, prennent
des arrêtés réglementaires et des arrêtés individuels.
Les injonctions ou interdictions contenues dans les
décisions individuelles et spéciales peuvent mettre de
véritables servitudes d'utilité publique à la charge de
certains propriétaires. Ainsi la police ordonnera au riverain d'un cours d'eau de faire disparaître ses plantations ; elle prescrira au maître d'une usine l'établissement d'un parapet entre son cours d'eau et un chemin ;
elle obligera un propriétaire à combler des excavations
pratiquées sous une rue, etc.

Après ces explications sur le point de départ du système de M. Gand, abordons l'examen de ce système
lui-même. La première critique à lui faire, c'est qu'il
est complètement arbitraire ; il ne s'appuie sur aucun

texte. D'ailleurs, il serait difficile de trouver un critérium décisif pour distinguer toujours une servitude générale d'une servitude particulière. Pour que la servitude soit particulière, faut-il nécessairement qu'elle ne frappe qu'un seul individu ? Ou bien suffira-t-il qu'elle ne soit imposée qu'à plusieurs propriétaires déterminés, à une portion de rue ou de commune? Nous ne voyons même pas que ce système se recommande par de vraies considérations d'équité. Une mesure individuelle et spéciale, en la supposant prise dans le cercle des attributions de police, c'est-à-dire prise dans des vues d'intérêt public, ne mérite-t-elle pas autant de faveur que les mesures réglementaires qui, malgré leur caractère de généralité, ne sont pas inspirées par des motifs plus élevés et ne pourvoient pas à des intérêts plus grands?

Le propriétaire grevé par un arrêté spécial n'a donc pas plus le droit de se plaindre que s'il était atteint par un arrête réglementaire; dans l'un et l'autre cas, le sacrifice est demandé à la propriété au nom de l'intérêt général. Si, comme cela arrivera parfois, une indemnité est accordée au propriétaire, ce sera purement à titre gracieux, mais rien ne lui donne droit à cette obtention.

Dans l'hypothèse où la mesure individuelle n'aurait pas été prise dans un intérêt général, il n'y aurait pas de question, car la mesure ne serait pas obligatoire. Si, par exemple, un maire prenait contre un propriétaire un arrêté, non pas dans un intérêt de police, mais dans l'intérêt de la commune, personne morale, la jurisprudence refuserait d'appliquer la peine pour la violation de l'arrêté.

6. Nous concluons donc sur la question de savoir si les servitudes d'utilité publique donnent un droit à indemnité, en décidant que ce droit ne peut résulter que d'une disposition expresse de la loi.

Il nous faut, pour le moment, traiter la question de compétence. Dans les cas où une indemnité sera due, quelle est l'autorité qui en opérera le règlement?

La demande en indemnité sera ordinairement dirigée contre l'Etat; quelquefois elle le sera contre d'autres débiteurs que l'Etat. Occupons-nous d'abord de la première hypothèse. Suivant la jurisprudence fermement établie du Conseil d'Etat, toute action qui tend à constituer l'Etat débiteur est de la compétence de l'autorité administrative. Cette jurisprudence est fondée avec raison sur le principe de la séparation des pouvoirs qui interdit aux tribunaux civils de connaître des réclamations élevées contre les actes administratifs (l. 22 déc. 1789; — l. 16-24 août 1790, tit. ii, art. 13; — l. 16 fruct. an III). Il n'y aura d'exception à la compétence administrative que lorsqu'un texte formel donnera aux tribunaux le droit de connaître d'une semblable action. Par exemple, en matière de servitudes défensives, l'art. 15 de la loi du 15 juillet 1819 attribue aux tribunaux civils les demandes en indemnité pour certains dommages. Mais on retombera dans la règle commune quand il s'agira d'indemnités dues pour des dommages autres que ceux prévus par cet article; la compétence appartiendra au juge administratif, c'est-à-dire au ministre de la guerre.

C'est, en effet, le ministre qui est le juge ordinaire au contentieux; à lui donc appartiendra en principe le règlement des indemnités réclamées à propos des servitudes d'utilité publique, toutes les fois que la loi ne lui aura pas expressément retiré la compétence. Comme dérogations à la compétence ministérielle, il faut citer le règlement des indemnités qui pourraient être dues en matière de grande voirie ; ce règlement est attribué aux conseils de préfecture (l. 28 pluviôse an VIII, art. 4).

7. Supposons maintenant que l'indemnité soit réclamée contre d'autres débiteurs que l'Etat, contre un département, une commune, ou contre des particuliers. Quelle sera la juridiction compétente ? Il faut faire une distinction, selon que la servitude à raison de laquelle est réclamée l'indemnité provient d'un acte administratif, et selon qu'elle émane d'une tout autre cause.

Dans le premier cas, c'est la juridiction administrative qui connaîtra des questions d'indemnité, car les tribunaux ne doivent pas s'immiscer dans les actes de l'administration. Ainsi, toutes les fois que la servitude d'utilité publique prendra son origine dans un décret ou dans un arrêté, il faudra porter la demande d'indemnité devant le juge administratif. C'est par une application de cette règle que la loi de 1810 sur les mines (art. 44) renvoie devant la juridiction administrative toutes les questions d'indemnités à payer par les propriétaires de mines. La cause originelle du dommage éprouvé par ceux qui réclament l'indemnité, c'est la concession de la mine, acte administratif dont l'appréciation ne saurait appartenir aux tribunaux de l'ordre judiciaire.

Lors, au contraire, que les charges qui donnent lieu à la demande d'indemnité n'ont pas pour cause un acte administratif, la compétence administrative n'a plus de ı aison d'être. On rentre dans la règle commune, et la fixation de l'indemnité appartiendra aux tribunaux qui sont les juges naturels des questions de propriéte. C'est ainsi, par exemple, que sera réglée l'indemnité due pour les servitudes des art. 643 et 682 ; ainsi encore, l'indemnité pour les servitudes d'irrigation et de drainage, toutefois avec cette particularité que l'on ira en premier ressort devant le juge de paix, et que les tribunaux de première instance statueront en appel seulement.

SECONDE PARTIE

Des servitudes établies par la loi entre propriétaires voisins dans un but d'utilité publique.

———

Après cette esquisse sur les règles générales en matière de servitudes d'utilité publique, il nous faut entrer dans les détails et examiner de plus près ces servitudes, prises isolément. Mais l'étude spéciale de toutes les servitudes d'utilité publique serait un travail trop considérable et trop au-dessus de nos forces; aussi nous bornerons-nous à un examen particulier d'une catégorie de servitudes d'utilité publique : celles qui sont imposées entre propriétaires voisins.

Telles sont :

La servitude de l'article 663 (clôture forcée dans les villes et faubourgs);

Les prescriptions requises par l'article 674 pour l'établissement de certaines constructions auprès d'un mur mitoyen ou non;

La servitude de passage au cas d'enclave (art. 682 à 685);

La servitude des mines sur la surface du sol (loi du 21 avril 1810, art. 11, 43 et 44);

La servitude des mines et usines sur les propriétés du

voisinage (lois du 27 juillet 1791, art. 25, tit. 2, et du 21 avril 1810, art. 80);

Les servitudes pour l'irrigation des fonds, ce qui comprend la servitude d'aqueduc (loi du 29 avril 1845 et la servitude d'appui (loi du 11 juillet 1847);

La servitude pour l'écoulement des eaux nuisibles (loi du 29 avril 1845), et pour l'écoulement des eaux provenant du drainage (loi du 15 juin 1854).

Toutes ces servitudes présentent un caractère commun : elles pourvoient à l'utilité publique, mais d'une manière indirecte, en profitant immédiatement à certains particuliers. Malgré ce caractère qui semble les rapprocher des servitudes d'utilité privée, nous avons établi que c'étaient néanmoins des servitudes d'utilité publique.

En principe, il faut les traiter comme les servitudes de pure utilité publique qui n'existent absolument qu'en faveur de l'intérêt social. Cependant nous remarquerons d'assez nombreuses exceptions aux règles des servitudes d'utilité publique, à plusieurs points de vue. Ces dérogations sont surtout relatives :

1° Au droit de poursuite des contraventions ; au lieu d'être réservé à l'administration, il sera confié ici aux propriétaires intéressés.

2° A la compétence, généralement les questions qui pourront s'élever à propos de cette classe de servitudes seront résolues par la juridiction civile, et non par la juridiction administrative.

3° Enfin, dans la plupart des cas, le voisin grevé par la servitude aura droit à une indemnité, contrairement au principe en matière de servitudes d'utilité publique.

CHAPITRE PREMIER

DE LA CHARGE IMPOSÉE PAR L'ARTICLE 663 AUX PROPRIÉ-
TAIRES DE MAISONS DANS LES VILLES ET FAUBOURGS.

1. Les règles relatives à la mitoyenneté ne concernent pas l'intérêt public.
2 Cependant, au milieu du chapitre de la mitoyenneté, l'article 663 contient une disposition d'utilité genérale.
3. Conséquences de ce que l'article 663 est une loi d'ordre public.
4. Observations sur le texte de cet article.
5. Question. Peut-on s'affranchir de l'obligation imposee par l'article 663 en abandonnant, soit la mitoyennité du mur déjà existant, soit la moitié du sol nécessaire à la construction du mur qui n'existe pas encore ?
6. *Quid* lorsque les deux terrains limitrophes ne sont pas de niveau ?
7. Celui qui a construit un mur à ses frais sur son propre terrain ne peut forcer son voisin d'en acquérir la mitoyenneté jusqu'à la hauteur legale de clôture,
8. Renvoi aux anciens règlements ou usages.

1. Les règles relatives à la mitoyenneté ne doivent pas entrer dans le cadre de cette étude ; ce sont là réellement des servitudes d'utilité privée. Quel peut en effet avoir été le but du législateur lorsqu'il a écrit l'art. 661 ? Cet article permet à tout propriétaire joignant le mur du voisin d'exiger la mitoyenneté, à la charge seulement de payer la moitié des frais de construction et de la valeur de l'emplacement sur lequel le mur est construit. Le législateur a considéré qu'il y aurait économie à faire un seul mur au lieu de deux ; mais cette économie n'a trait qu'aux intérêts privés. On dira peut-être que la société tout entière est intéressée à ce que la dépense des capitaux et des terrains ne soit pas doublée en pure perte. Nous répondrons d'abord que l'in-

térêt de la société serait ici bien indirect et lointain ; et ensuite que ce serait un argument funeste à faire valoir, car si l'on ne veut pas se résigner à des déperditions qui sont inséparables de la propriété individuelle, il faut demander le travail en commun, la consommation en commun, en un mot le communisme. Aussi nous ne pouvons admettre que les obligations relatives au mur et au fossé mitoyen aient été établies par le Code dans un motif autre que l'intérêt purement privé, et nous les excluons sans hésitation d'une étude sur les servitudes d'utilité publique.

Pour le dire en passant, la mitoyenneté se justifie même difficilement au point de vue du véritable intérêt des propriétaires en faveur desquels elle a été établie. Comme le dit très-bien M. Batbie (*Révision du Code*), la mitoyenneté donne lieu à tant de difficultés et de procès que l'économie qui en résulte est largement compensée par l'augmentation des frais de justice ; et « la loi eût peut-être été plus sage en ne dérogeant pas aux principes du droit commun, c'est-à-dire en laissant aux conventions librement formées le soin d'établir la mitoyenneté et de la faire cesser. »

2. Malgré les observations que nous venons de présenter sur le chapitre de la mitoyenneté en général, il faut cependant reconnaître qu'il y a dans ce chapitre une servitude imposée beaucoup moins pour l'intérêt des particuliers, qu'en faveur de la sûreté des personnes etes particuliers, et aussi p our l'embellissement et la régularité des villes ; c'est la servitude établie par l'article 663.

Art 663. « Chacun peut contraindre son voisin, dans les villes et faubourgs, à contribuer aux constructions et réparations de la clôture faisant séparation de leurs maisons, cours et jardins assis ès dites villes et faubourgs : la hauteur de la clôture sera fixée suivant les règlements particuliers ou les usages constants et reconnus; et, à défaut d'usages et de règlements, tout mur de séparation entre voisins, qui sera construit ou rétabli à l'avenir, doit avoir au moins trente-deux décimètres (dix pieds) de hauteur, compris le chaperon, dans les villes de cinquante mille âmes et au-dessus, et vingt-six décimètres (huit pieds) dans les autres. »

Dans les campagnes, au contraire, ou pour parler plus exactement, dans tous les endroits qui ne sont ni villes, ni faubourgs, le voisin ne peut pas contraindre son voisin à élever à frais communs un mur de clôture; s'il veut se clore, il devra édifier un mur à ses propres frais et sur son propre terrain, et il devra en supporter seul les réparations.

M. Batbie, dans son Mémoire sur la révision du Code, critique vivement l'art. 663. « Il se peut, dit l'éminent jurisconsulte, que, loin de trouver un avantage à faire une clôture, je sois très-contrarié par un mur qui me prendra la vue ou l'air, et m'étouffera dans un espace trop restreint. Si mon voisin veut se clore, je ne dois pas l'en empêcher, ni au point de vue de la loi civile, ni au point de vue de la loi naturelle. Mais est-il juste de me faire contribuer de force à une construction qui m'incommode peut-être ? »

Ces réflexions sont fort justes et devraient faire condamner notre article s'il avait été seulement inspiré en considération de l'intérêt plus ou moins bien compris des deux propriétaires voisins. Au contraire, elles perdent leur portée lorsque, sans s'arrêter à la fausse classification de la loi, on voit dans l'art. 663 non pas une servitude d'utilité privée, mais une véritable servitude d'utilité publique. C'est, selon nous, principalement dans le but de prévenir les vols et les attentats aux personnes que le Code a établi cette coaction qui sera souvent moins avantageuse aux propriétaires intéressés que ne le serait la liberté des conventions.

La preuve en est que la disposition de l'art. 663 est relative uniquement aux villes et faubourgs. Or, l'utilité du voisin, l'économie qu'il peut y avoir à construire une clôture au lieu de deux, n'existerait-elle pas également dans les campagnes? Et si c'étaient vraiment des motifs d'intérêt privé qui avaient inspiré la loi, on ne saurait comprendre la distinction qu'elle fait entre les villes et les campagnes. Tandis que cette distinction se justifie très-bien dans notre système. Les attentats criminels étant beaucoup moins à craindre dans les campagnes, la loi a jugé qu'il était moins nécessaire de s'y clore que dans les villes ; de plus, il est à peine utile de dire que les motifs d'édilité sont étrangers aux campagnes.

3. Bien qu'il s'agisse, dans l'art. 663, d'une disposition d'utilité publique, il est à remarquer que l'autorité n'a pas été chargée d'en procurer l'exécution. La loi a pensé qu'il suffisait de conférer aux propriétaires le droit de se contraindre à une clôture commune. Les voisins peuvent donc, s'ils sont d'accord entre eux, négliger de demander l'un contre l'autre l'exécution de l'art. 663. Mais s'ils s'engageaient à ne jamais la demander *in futurum*, leur convention serait nulle comme dérogeant à une loi qui intéresse l'ordre public. — On pourrait objecter qu'il a été reconnu, dans la discussion

au Conseil d'Etat, que les voisins avaient la liberté de faire leur clôture à une hauteur moindre de celle déterminée par la loi. Il suit de là, pourrait-on dire, qu'il n'est pas interdit de déroger à l'art. 663. Mais il faut bien comprendre l'observation faite au Conseil d'Etat: elle signifie simplement que les voisins pourront, s'ils se trouvent d'accord, ne pas élever la clôture jusqu'à la hauteur légale; cela résulte *à fortiori* de ce qu'ils auraient eu le droit de ne pas l'élever du tout. Mais il est nécessaire que l'accord des propriétaires persiste, et ils ne peuvent pas renoncer, pour l'avenir, au droit d'exiger que la clôture ait la hauteur légale.

4. Quelques observations sont à présenter sur le texte même de l'art. 663.

Que doit-on entendre par villes et faubourgs? Si dans l'espèce il existe un acte de l'autorité administrative qui confère expressément au lieu dont il s'agit la qualité de ville ou faubourg; si même l'acte se borne à reconnaître implicitement cette dénomination, les tribunaux devront s'y conformer. En l'absence d'actes de ce genre, l'opinion générale est que les tribunaux auront à juger en fait si la localité peut, en raison de son importance, être considérée comme une ville. Nous estimons au contraire que les tribunaux devront s'abstenir, car le classement d'une localité est un acte d'administration.

On ne pourrait éluder l'obligation de clôture sous le prétexte que les terrains contigus ne seraient ni des jardins, ni des cours. L'art. 663 n'a pas entendu faire une énumération limitative. Il serait applicable, par exemple, à des terrains servant de chantiers.

5. Le propriétaire contre lequel est invoqué l'art. 663 peut-il se dispenser de contribuer à la réparation ou à

la construction de la clôture commune, en abandonnant soit la mitoyenneté de la clôture déjà existante, soit la moitié du sol nécessaire à la construction de la clôture si elle n'existe pas encore?

A l'appui de l'affirmative. on fait valoir les raisons suivantes : 1° l'art. 656 proclame que tout copropriétaire d'un mur mitoyen peut se dispenser de contribuer aux réparations et reconstructions, en abandonnant le droit de mitoyenneté, pourvu que le mur mitoyen ne soutienne pas un bâtiment qui lui appartienne. Or, l'article 656 s'applique aussi bien aux villes qu'aux campagnes, puisqu'il ne distingue pas, et s'exprime en termes généraux : *tout copropriétaire;* cela est d'autant moins contestable que, dans le projet primitif du Code, la faculté d'abandon était formellement refusée aux villes et communes dont la population excédait 3,000 âmes (Proj. de la comm. du gouvernement, liv. 2, tit. 4, art. 15. Fenet, t. 2, p. 117). — 2° La faculté d'abandon est de principe en matière de servitudes, et l'art. 699 dit d'une façon absolue que : « l'on peut toujours s'affranchir de la charge en abandonnant le fonds assujetti au propriétaire du fonds auquel la servitude est due. 3° Il résulte de la discussion au Conseil d'Etat que telle est la véritable interprétation à donner à l'art. 663. En effet, M. Berlier proposait d'exprimer dans l'art. 657 (aujourd'hui l'art. 663) que : « le propriétaire interpellé de contribuer à la clôture, pourrait s'en dispenser en renonçant à la mitoyenneté, et en cédant la moitié de la place nécessaire à la construction du mur. » Et Tronchet déclara, sans être contredit, que ce droit d'option était conféré au propriétaire par l'art. 650 (aujourd'hui l'art 656).

Malgré toutes ces raisons, qui ont déterminé la Cour de cassation et la plupart des Cours d'appel, cette doctrine nous paraît contraire à la loi. Aux termes précis de l'art. 663, *chacun peut contraindre* son voisin de contribuer aux constructions ou réparations de la clôture. Ces expressions sont tout à fait inexplicables dans le système adverse : comment dire que *l'on peut contraindre son voisin à construire un mur à frais communs*, si ce voisin peut se libérer en abandonnant une lisière de terrain ? Le sens du texte s'éclaire encore lorsqu'on remonte à l'art. 209 de la Coutume de Paris, que notre article reproduit presque mot pour mot. *Chacun peut contraindre son voisin*, disait l'art. 209 de la Coutume de Paris, et les commentateurs, Duplessis entre autres, attestaient que le voisin ne pouvait nullement se soustraire à son obligation. Tel était le droit commun des Coutumes (v. notamment Pothier, sur l'article 236 de la Coutume d'Orléans).

Les arguments du système opposé sont loin d'avoir assez de valeur pour infirmer un texte aussi clair et formel ; nous allons le montrer en les reprenant un à un : 1° la disposition de l'art. 656 est étrangère au cas qui nous occupe. L'art. 656 suppose un mur déjà construit, et décide alors qu'on peut, en abandonnant la mitoyenneté, se dispenser de contribuer aux réparations et reconstructions de ce mur. L'art. 663 vise une hypothèse toute différente, celle où il n'y a pas encore de mur, et dans ce cas il impose l'obligation d'en construire un. Il est évident que c'est là le point capital de l'art. 663 ; le cas où le mur étant déjà construit aurait besoin de réparations n'y est considéré que d'une façon accessoire et secondaire. Vouloir invoquer ici l'art. 656, c'est oublier tout à la fois ses termes et le cas pour lequel il est établi. En lisant le chapitre du Code, il apparaît évidemment que l'art. 656, en accordant la faculté d'abandon, n'a en vue que la charge imposée par l'article précédent (655). L'art. 656 règle en général les conditions et les effets de la mitoyenneté, tandis que l'article 663 forme une disposition toute spéciale aux villes et aux faubourgs. 2° L'art. 699 consacre, il est vrai, pour celui qui doit une servitude, la faculté de s'y soustraire par l'abandon de son fonds. Mais ce principe général est sans application ici; nous sommes en présence d'une loi d'ordre public. Le législateur a pensé que, dans l'intérêt de la sûreté générale, il convenait d'imposer aux propriétaires des villes et faubourgs l'obligation de clôture. Le but du législateur serait totalement déjoué si cette obligation de faire pouvait être remplacée par une simple obligation de donner.—Du reste, remarquons que pour avoir le droit d'invoquer l'art. 699, il faudrait abandonner son fonds tout entier; il ne suffirait pas d'abandonner la moitié du terrain sur lequel le mur sera bâti, car, après le délaissement de cette parcelle, le voisinage n'en subsisterait pas moins avec toutes les obligations qui en résultent. 3° A l'argument tiré de la discussion au Conseil d'Etat, la réponse est bien simple. Lors de la proposition de Berlier et de l'observation de Tronchet, la disposition de l'art. 663 n'existait pas. C'est postérieurement que Bigot de Préameneu fit introduire l'obligation de clôture pour les villes et faubourgs.

6. Il peut arriver que les deux terrains limitrophes ne soient pas de niveau. Dans ce cas, chacun des voisins peut-il exiger que le mur ait la hauteur légale,

<table><tr><td>Bouillier.</td><td>8</td></tr></table>

non-seulement à partir du fonds inférieur, mais aussi à partir du sol le plus élevé? Oui, puisque l'art. 663 est conçu en termes absolus et ne distingue pas entre le cas où les terrains sont de niveau, et celui où ils sont d'élévation différente. Le propriétaire du fonds inférieur pourra donc exiger que la hauteur prescrite soit comptée à partir du sol le plus élevé ; et lui-même pourra être contraint à élever le mur au delà de la hauteur légale, à partir de son propre sol.

Quant aux frais de construction, les deux voisins devront les supporter pour parts égales ; car, si l'on refusait au propriétaire du sol le plus élevé le droit de contraindre son voisin à contribuer aux frais du mur à partir de ce sol, ou bien si l'on refusait au propriétaire du sol le plus bas le droit de faire contribuer son voisin aux frais de construction, depuis le sol le plus bas jusqu'au niveau du sol le plus élevé, cela ne reviendrait pas à autre chose qu'à dénier tantôt à l'un, tantôt à l'autre des propriétaires voisins, le droit de demander que la hauteur légale soit prise à partir de son terrain.

7. Si l'un des voisins a construit le mur en entier sur son terrain et à ses frais, peut-il forcer l'autre d'en acquérir la mitoyenneté jusqu'à la hauteur légale de clôture? Non, car d'une part le constructeur du mur ne peut invoquer l'art. 663 qui lui donnait seulement le droit, avant la construction, d'exiger que son voisin y contribuât ; en construisant seul le mur sur son terrain, il a par là même renoncé au bénéfice de l'art. 663. Et, d'autre part, si l'art. 663 confère au voisin la faculté d'acquérir la mitoyenneté, il ne permet pas de l'y contraindre.

8. La hauteur de la clôture n'est fixée par le Code

qu'à défaut de règlements ou d'usages locaux. Parmi
les anciens règlements encore en vigueur sur cette matière. nous nous bornerons à citer l'art. 209 de la coutume de Paris, parce qu'il a été l'origine évidente de
l'art. 663 du Code.

Art. 209 (Cout. de Paris) : « Chacun peut contraindre
son voisin ès villes et faubourgs de la prevosté et vi-
comté de Paris, à contribuer pour faire faire clôture
faisant séparation de leurs maisons, cours et jardins
assis ès dites villes et faubourgs jusqu'à la hauteur de
dix pieds du haut du rez-de-chaussée (le rez-de-chaussée
est depuis le niveau de la terre jusqu'au premier étage),
compris le chaperon. »

<hr>

CHAPITRE II.

DE LA DISTANCE ET DES OUVRAGES INTERMÉDIAIRES REQUIS POUR CERTAINES CONSTRUCTIONS. (art. 674.)

1. L'article 674 contient des règles d'intérêt public. — Conséquences.
2. Quel est le sens des termes de l'article : *mur mitoyen ou non ?*
3. Espèces prévues par le texte.
4. L'énumeration de l'article 674 n'est pas limitative.
6. L'article 674 ne fait obstacle à l'application ni de l'article 662, ni de l'article 1382.
7. *Quid* en cas d'absence de règlements ou d'usages dans une localité ?
8. Quelle est la sanction des règles de l'article 674 ?
9 Compétence des juges de paix.

1. L'art. 674 contient plusieurs dispositions qui n'ont
pas seulement pour objet l'intérêt privé du voisin, mais

qui garantissent en outre l'intérêt général de la
société.

Voici le texte de cet article: « Celui qui fait creuser
un puits ou une fosse d'aisances près d'un mur mitoyen
ou non; — celui qui veut y construire cheminée ou
âtre, forge, four ou fourneau; — y adosser une étable;
— ou établir contre ce mur un amas de sel ou de matières corrosives;— est obligé à laisser la distance prescrite
par les règlements et usages particuliers sur cet objet, ou
à faire les ouvrages prescrits par les mêmes règlements
ou usages pour éviter de nuire au voisin. »

Une légère attention suffit pour voir que la plupart
de ces précautions, sinon toutes, ne sont pas prescrites
seulement pour l'intérêt particulier du voisin, mais
aussi et surtout pour des motifs de sûrete ou de salubrité publique; elles ont pour but principal d'éviter les
périls publics, tels que les incendies, l'infection de l'air
ou des eaux. A vrai dire, parmi les diverses mesures de
l'art. 674 il n'y a que celles relatives à la construction
d'une étable qui aient uniquement pour objet l'intérêt
particulier du voisin. Les autres règles de cet article
doivent toutes revêtir le caractère de servitudes d'utilité
publique. Par conséquent aucune prescription ne
pourra affranchir de leur observation. Le voisin ne
pourra pas renoncer à exiger la distance ou les ouvrages intermédiaires requis par la loi. Ainsi serait
nulle la convention par laquelle un voisin aurait consenti que l'autre construisît une fosse d'aisances, un
puits, sans faire le contre-mur exigé par les règlements.

2. Que signifient ces mots de l'article; *mur mitoyen
ou non?* Leur sens est évidemment: *mur mitoyen ou
d'autrui* (v. Cout. de Paris, art. 192). On comprend très-

bien que le constructeur qui est tenu de ne pas nuire au mur mitoyen doit être *à fortiori* tenu de respecter le mur qui appartient exclusivement au voisin. Quant à son propre mur, le constructeur sera libre de le dégrader, si bon lui semble, mais cependant il devra observer les précautions commandées dans un intérêt public. A la vérité, les voisins n'ont aucune action à intenter contre lui, malgré les périls imminents que peuvent leur faire courir ses entreprises; leur mur n'étant pas menacé, la loi paraît ne pas leur reconnaître de droit et par suite d'action. Leur ressource sera de porter plainte au maire dans les communes rurales et au commissaire de police dans les villes. C'est à l'autorité administrative qu'il appartiendra d'agir, soit pour faire respecter les lois et règlements déjà existants qui auraient été violés, soit pour prendre les mesures de police nécessaires.

Il faut remarquer qu'au cas où le mur serait la propriété exclusive du voisin, l'article 674 ne serait pas applicable dans toutes ses parties. Le droit d'adossement contre le mur d'autrui n'existe pas; il n'y a donc pas de précautions à observer pour y adosser quoi que ce soit. Mais il reste toujours à se conformer aux règles sur la distance requise et sur les travaux à exécuter pour empêcher certaines dégradations.

3. L'art. 674 prévoit spécialement quatre espèces d'entreprises qui peuvent être faites contre le mur mitoyen ou le mur d'autrui.

1° *Creuser un puits ou une fosse d'aisances.* Le danger de l'humidité, des infiltrations, de la corruption de l'air, devait nécessairement préoccuper le législateur. Aussi les coutumes, et la coutume de Paris entre autres, contiennent-elles de nombreuses règles de détail à cet égard. Parmi les règlements modernes il faut citer une ordonnance du préfet de police en date du 20 juillet 1838 qui détermine tout ce qui a rapport aux puits, puisards, puits d'absorption et égouts à la charge des particuliers, dans l'étendue du ressort de la préfecture de police. Sur la construction et la réparation des fosses d'aisance dans la ville de Paris, on trouve un système complet dans l'ordonnance royale du 24 septembre 1819, et dans l'ordonnance de police qui a été rendue le 23 octobre suivant pour l'exécution de l'ordonnance royale.

2° *Construire cheminée ou âtre, forge, four ou fourneau.* Il s'agit ici de préserver le mur contre la flamme ou la chaleur, et de prévenir les incendies. Outre les textes des coutumes, cette matière a été réglementée notamment par les ordonnances de police des 26 janvier 1672, 1ᵉʳ juillet 1712, 24 mars 1713, 28 avril 1719, 10 février 1735, 1ᵉʳ septembre 1779, 15 novembre 1781, etc.

Tout danger n'est pas évité lorsque les cheminées, âtres, etc., ont été établis suivant les règles. Il faut veiller à leur entretien ; c'est un des objets de la police municipale (l. du 16 août 1790, tit. XI, art. 3).

3° *Adosser une étable.* Il y aurait à craindre pour le mur l'humidité chaude et mordicante du fumier, nous dit Bourjon (Dr. commun de la France, t. II). La coutume de Paris (art. 188, p. 19) prescrit un contre-mur de 8 pouces d'épaisseur, de hauteur jusques au rez de la mangeoire.

4° *Etablir contre le mur un magasin de sel ou amas de matières corrosives.* On conçoit qu'il peut y avoir grand danger pour les bâtiments voisins. Par mesure de précaution est prescrit un contre-mur d'une hauteur et épaisseur déterminée suivant les circonstances. (Coutumes de Paris.)

4. Les dispositions de l'article 674 sont-elles limitatives, et ne peut-on s'en prévaloir qu'à l'égard des entreprises ci-dessus désignées? On serait tenté de répondre affirmativement, car ce sont là des restrictions au droit commun de la propriété, et en pareille matière il n'est pas permis d'ajouter à la loi. Mais le décider ainsi, ce serait ne pas se conformer à l'esprit de notre article. Dans ce texte le législateur n'a voulu que poser un principe et en donner les applications les plus pratiques et les plus importantes. Ce principe, c'est que contre le mur mitoyen ou d'autrui, ou auprès de ce mur, il ne sera pas permis de faire certaines entreprises nuisibles au voisin ou au public, à moins d'observer diverses mesures de précaution. Le législateur n'a pas entendu énumérer toutes les entreprises susceptibles de présenter quelque danger; cette énumération eût été bien difficilement complète. Il s'est borné à donner des exemples, laissant à l'appréciation du magistrat le soin d'appliquer les dispositions de l'article 674 par analogie ou par identité de motifs. Par exemple, la loi ne parle pas des simples tuyaux d'une fournaise, mais, comme le passage habituel de la flamme peut brûler les murs, on doit soumettre les tuyaux aux mêmes prohibitions que la fournaise elle-même. Le texte de la loi n'est relatif qu'aux puits; il ne dit rien des canaux destinés à la conduite des eaux, ou de leurs réservoirs; mais l'humidité et les infiltrations que peuvent causer ces canaux ou ces réservoirs doivent les faire astreindre aux mêmes précautions que les puits. — Ainsi encore, les dispositions de l'article 674 ne concernent formelle-

ment que les matières corrosives; mais ne serait-ce pas méconnaître le vœu du législateur que de conclure *à contrario* qu'il sera permis d'adosser au mur des terres qu'on appelle *jectisses*, terres qui par leur humidité, ou par la pression qu'elles exercent, peuvent être fort nuisibles au mur? (Cout. de Paris, art. 192.) Par les mêmes motifs il faut aussi décider que le propriétaire d'un champ qui joint immédiatement au mur d'autrui ou au mur mitoyen devra ne pas pousser la culture jusqu'au pied de ce mur, mais laisser un léger espace en friche.

Notre conclusion, c'est que les coutumes, règlements et usages locaux doivent être observés non-seulement pour les genres d'entreprises spécialement prévus par l'art. 674, mais même en ce qui concerne tous les ouvrages assimilables à ceux indiqués dans la loi.

5. Sur qui doit être prise la distance intermédiaire lorsqu'il y a lieu d'en garder une? Il est juste qu'elle soit prise sur celui qui veut faire l'établissement pour lequel une précaution de ce genre est nécessaire. Et cette distance est calculée à partir de la saillie la plus avançante du mur qu'il s'agit de préserver.

Lorsqu'il y a lieu de construire un contre-mur, il est difficile de poser des règles générales. C'est aux usages locaux ou aux règlements qu'il faut se référer, ce sont eux qui décideront si le contre-mur doit être incorporé au mur qu'il a pour objet de garantir, ou s'il doit y être simplement appliqué; ce sont eux aussi qui détermineront l'épaisseur, la hauteur et les matériaux du contre-mur.

Les obligations de l'article 674 sont imposées réciproquement aux voisins. Ainsi, lorsque l'un des copropriétaires du mur mitoyen a construit un contre-mur afin de se permettre une des entreprises prévues par cet article, cela ne dispensera pas ·l'autre voisin de construire à son tour un contre-mur quand il voudra faire de son côté le même établissement.

6. Les règles de l'article 674 ne dérogent nullement à l'article 662. Le copropriétaire qui voudra pratiquer un enfoncement dans le mur mitoyen, y appliquer ou appuyer un ouvrage ne pourra le faire sans avoir requis le consentement du voisin ; le refus de ce dernier n'empêche pas, il est vrai, de passer outre, mais on doit alors faire régler par experts les moyens nécessaires pour que le nouvel ouvrage ne lui nuise pas. Lors même que les ouvrages qu'on a dessein de faire dans le mur mitoyen ou contre lui seraient de la nature de ceux dont traite l'article 674, il faudrait remplir les conditions déterminées par l'article 662.

L'article 674 n'empêchera pas non plus l'application de l'article 1382. L'observation des distances usitées, l'exécution des travaux intermédiaires prescrits par les règlements ne suffira pas toujours pour que le voisin ne soit pas incommodé. Lors même qu'on n'a rien négligé pour prévenir le dommage, s'il en arrive, on doit le réparer. Tout ce qui résulte pour celui qui se sera conformé à l'article 674, c'est qu'il n'aura pas à craindre que le voisin vienne réclamer sous le seul prétexte de la possibilité des accidents ; mais si des accidents se produisent, celui qui les souffre pourra se faire indemniser.

7. Par une singularité remarquable, l'article 674 se borne à renvoyer aux règlements et usages locaux pour la détermination de la distance et des ouvrages prescrits, et il omet de déterminer lui-même cette dis-

tance et ces ouvrages intermédiaires pour l'hypothèse où il n'existerait dans une localité ni règlements ni usages. Le législateur aura pensé que les besoins et les cas dont s'occupe l'article 674 étant de ceux qui se renouvellent chaque jour, il sera impossible qu'il n'y ait pas dans chaque localité des règlements ou une pratique quelconque. Si cependant se rencontrait une absence complète de règlements ou d'usages, le silence de l'article 674 donnerait aux tribunaux la plus grande latitude. Tantôt les juges pourraient décider qu'il n'y a lieu à l'emploi d'aucune des précautions usitées ailleurs, puisque le défaut de règlement ou d'usage local atteste leur inutilité. Tantôt ils pourraient se référer soit aux usages ou règlements d'une localité voisine, soit à la coutume de Paris dont les articles sur cette matière faisaient autrefois le droit commun pour les lieux où il n'y avait pas de loi municipale contraire. Enfin, dans certains cas, les juges devraient, sur le rapport des gens de l'art, ordonner telle mesure particulière qui paraîtrait convenable.

8. Quelle est la sanction des règles de l'article 674? La loi est muette à cet égard; ce qui donne encore sur ce point aux juges un pouvoir discrétionnaire. Lorsque l'ouvrage pour lequel des mesures de précaution étaient requises aura été fait sans s'y conformer, les tribunaux pourront ordonner, suivant les circonstances, soit la démolition des constructions, soit une reprise en sous-œuvre pour édifier les ouvrages intermédiaires que le contrevenant avait d'abord négligé d'établir. Le tout, sans préjudice des dommages-intérêts auxquels pourrait avoir droit le voisin demandeur.

Si les voisins toléraient la contravention, ce serait

à l'autorité administrative de la poursuivre, dans le cas où l'intérêt public l'exigerait. C'est une conséquence de ce que l'art. 674 n'a pas pour unique objet de protéger l'intérêt des particuliers, et de leur accorder une action dont ils seraient maîtres de se départir ; ce texte a posé avant tout des règles relatives à la sûreté publique, et c'est à l'administration de les faire observer, dans le silence des particuliers.

Le constructeur ne pourra jamais invoquer la prescription, s'il a contrevenu à des mesures exigées dans un intérêt général ; mais rien ne l'empêchera d'acquérir le droit de maintenir ses entreprises à l'encontre de l'intérêt purement privé du voisin. Ainsi, celui qui aurait adossé une étable au mur, sans faire un contre-mur ou sans le faire avec la hauteur ou l'épaisseur voulue, aurait acquis au bout de trente ans, envers et contre tous, le droit de conserver son étable, si le voisin laissait passer ces trente ans sans réclamation. Les obligations imposées pour l'établissement d'une étable ne paraissent en effet avoir été inspirées par aucun motif d'intérêt public.

9. La loi du 25 mai 1838 a fait entrer dans la compétence des juges de paix : « les actions relatives aux constructions et travaux énoncés dans l'art. 674 du Code Napoléon, lorsque la propriété ou la mitoyenneté du mur ne sont pas contestées. » (Art. 6, n° 3.)

CHAPITRE III.

DE LA SERVITUDE LÉGALE DE PASSAGE AU PROFIT DES FONDS ENCLAVÉS. (Art. 682 à 685.)

1. De l'intérêt public auquel pourvoit l'article 682.
2. Servitude légale de passage établie par cet article.
3. A qui appartient le droit de réclamer le passage?
4. La servitude s'applique-t-elle indistinctement, quelle que soit la cause qui a produit l'enclave?
5. Dans quels cas y a-t-il enclave?
6. La servitude peut être réclamée pour tout genre d'exploitation.
7. Elle grève toute espèce de fonds, même ceux qui dépendent du domaine public, du moins en principe.
8. Comment se calcule l'indemnité due au propriétaire des fonds assujettis.
9. Règles pour déterminer l'assiette du passage. Articles 683 et 684.
10. A défaut des règles légales, l'assiette peut se trouver déterminée par l'exercice trentenaire du passage.
11. De la prescription de l'indemnité. Article 685.
12. Quels sont, pour le propriétaire grevé, les effets du droit de passage?
13. Dans quels cas s'éteint la servitude de l'article 682. Elle n'est pas perdue par le non-usage pendant trente ans. — Elle s'éteint par la cessation de l'enclave.

1. Un des premiers intérêts de l'Etat, c'est que des parties du territoire ne restent pas incultes, faute de voies de communication pour y parvenir. L'intérêt de la richesse publique y est engagé. Il y va aussi plus spécialement de l'intérêt des finances de l'Etat : l'impôt ne saurait être recouvré, ni même établi avec justice sur des fonds qui ne donneraient aucun produit, parce que l'absence de tout passage rendrait l'exploitation impossible aux propriétaires. L'État ne peut cependant pas faire des routes et des chemins partout où le réclameraient les besoins ou les convenances des particuliers ;

dans une foule de cas, c'est aux libres conventions que sera laissé le soin de procurer des communications, sous la forme tantôt de chemins privés, tantôt de servitudes de passage. En principe, la liberté des contractants est entière, mais il fallait prévoir l'hypothèse où le caprice des individus ferait echec à l'intérêt général ; c'est pourquoi le législateur est intervenu, et a créé une véritable servitude d'utilité publique dans l'art. 682.

2. Art. 682 : « Le propriétaire dont les fonds sont enclavés, et qui n'a aucune issue sur la voie publique, peut réclamer un passage sur le fonds des voisins pour l'exploitation de son héritage, à la charge d'une indemnité proportionnée au dommage qu'il peut occasionner. »

La loi apporte ici, au profit du terrain enclavé, une double restriction au droit des propriétaires qui entourent cette enclave : il y a atteinte à la faculté de se clore proclamée par l'art. 647, et, de plus, dérogation au principe général d'après lequel nul ne peut être contraint de vendre malgré lui tout ou partie de son bien. Le propriétaire sur qui est pris le chemin destiné à l'exploitation de l'enclave, est contraint, en effet, à une vente forcée ; c'est une vente, non pas de la bande de terre qui constituera le chemin, — la propriété ne sera pas déplacée, — mais c'est une vente forcée du droit de passage.

Le droit au passage est conféré par la loi elle-même ; il existe de plein droit dès qu'un fonds se trouve enclavé. Cette *servitude légale de passage* est donc bien distincte des servitudes conventionnelles de passage. Ces dernières n'existent qu'en vertu du titre qui les a constituées. Lorsque celui qui exerce un passage sur le fonds d'autrui se voit interrompu dans l'exercice de ce passage, il peut, sans rapporter de titre, faire valoir pour exception qu'il n'a aucun moyen d'exploiter son héritage indépendamment du passage contesté : dans ce cas il a droit à la servitude de l'art. 682. Mais, s'il ne peut prouver le fait de la nécessité absolue, il lui faudra pour sa défense produire un titre ; car, dans cette hypothèse, le passage ne saurait lui appartenir qu'en vertu d'une servitude conventionnelle. Et l'usage, si long qu'il fût, ne dispenserait pas de rapporter un titre, la servitude de passage n'étant pas de celles qui s'acquièrent par prescription. (Art. 690.)

3. Par qui le passage peut-il être réclamé? Par le *propriétaire*, dit l'article 682. Mais ces mots ne doivent pas être pris à la lettre ; ce que la loi a voulu assurer, c'est l'exploitation du fonds. Il faut donc étendre le bénéfice de l'art. 682 à tous ceux qui ont, en vertu d'un droit réel, la faculté d'exploitation, par conséquent à l'usufruitier, à l'usager et aussi à l'emphytéote (si avec la jurisprudence, nous reconnaissons à ce dernier un droit réel). Quant au fermier, au colon partiaire, à l'acquéreur du droit d'extraire la tourbe d'un fonds, ils n'ont qu'une créance de jouissance contre le propriétaire. Ils n'auront donc pas le droit d'invoquer, de leur chef, la servitude de passage, et ils devront s'adresser, par voie d'action personnelle, à leur bailleur, pour le contraindre à faire valoir son droit à la servitude.

4. Lorsqu'un fonds est enclavé, une issue sur la voie publique doit toujours lui être accordée, la force des choses l'exige. Mais cependant il y aura certains cas où l'issue ne pourra pas être réclamée en vertu de la servitude légale de passage. Ainsi, il n'y aura pas lieu à

l'application de l'art. 682 si l'enclave provient de la division d'un fonds qui, dans son intégrité, avait accès sur la voie publique. Les héritages voisins appartenant à des tiers ne sauraient se trouver frappés de servitude par suite de la disposition testamentaire, du partage ou de l'aliénation partielle qui a opéré la division du fonds. Dans ce cas, c'est la partie non enclavée de ce fonds qui doit fournir le passage nécessaire à la parcelle demeurée sans issue par l'effet du testament, de l'aliénation ou du partage. La jurisprudence est fermement établie dans ce sens. (Cass. 14 novembre 1859, 1er août 1861, 27 avril 1868.)

Cette solution est conforme aux principes. Si l'on décidait que le propriétaire de la portion demeurée sans issue a le droit de s'adresser aux tiers qui l'environnent, ce serait dire que les parties contractantes, copartageants, vendeur et acheteur, copermutants, ou bien encore le testateur qui a opéré la division du fonds, ont pu par leur propre fait imposer une servitude à l'héritage d'autrui. Cela étant inadmissible, il faut, pour procurer une issue à la parcelle enclavée, recourir aux principes de la garantie. Celui qui a besoin d'un passage le réclamera, suivant les cas, soit à ses copartageants, soit à son vendeur, soit aux héritiers de celui qui lui a légué. Il fondera sa demande non pas sur l'article 682, mais sur la convention ou disposition qui a divisé le fonds, et en vertu de laquelle une servitude a été tacitement établie au profit de la portion du fonds qui allait se trouver enclavée. Nier l'existence de cette servitude tacite, ce serait donner un sens déraisonnable à l'acte quelconque qui a produit la division du fonds; ce serait supposer que les parties auxquelles la situation des lieux révélait la nécessité du passage ont voulu frapper d'éternelle inutilité une fraction de la propriété.

Le passage que le propriétaire de la parcelle enclavée réclamera ainsi contre ses garants devra ordinairement lui être fourni sans qu'il ait à payer aucune indemnité. Pas de doute lorsque le terrain enclavé provient d'un legs ; le passage doit alors être livré par l'héritier comme un *accessoire nécessaire* de la chose. (Art. 1018.) Sans difficulté aucune, le passage devra être fourni gratuitement par un vendeur, car il est compris dans l'obligation de délivrance. (Art. 1615.) Dans les autres hypothèses, lorsque l'enclave proviendra de toute autre cause qu'une vente ou un legs, la question d'indemnité dépendra de la volonté des parties.

Des principes que nous venons d'exposer, il résulte qu'il n'y aura lieu à l'application de l'article 682 que si l'enclave est causée par un cas fortuit et de force majeure, tel qu'un éboulement, une suppression de chemin, ou tel autre événement qui enlèverait au fonds son accès sur la voie publique. — L'article 682 s'appliquerait aussi dans l'hypothèse où l'origine de l'enclave serait inconnue.

Il peut parfois se présenter des difficultés sur le point de savoir s'il y a eu réellement cas fortuit ou force majeure. Voici des espèces qui se sont rencontrées dans la pratique. Le propriétaire dont le terrain est enclavé peut-il demander un passage sur le fonds voisin, lorsque l'enclave résulte d'une expropriation pour cause d'utilité publique, et que ledit propriétaire aurait pu éviter l'enclave en requérant, conformément à l'article 50 de la loi de 1841, l'acquisition intégrale de son terrain? Oui; il a droit à la servitude de passage, car l'article 50 de la loi de 1841 ne confère à l'exproprié qu'une faculté dont il est libre d'user ou de ne pas user. (Paris, 18 novembre 1869.) — Peut-on invoquer l'art. 682, lorsque l'enclave résulte de ce que la portion du fonds enclavé, qui avait accès sur la voie publique, a été cédée amiablement à l'Etat pour la construction d'un chemin de fer? Oui, car le propriétaire qui, — nous le supposons dans l'espèce, — a consenti une telle cession dans le seul but de prévenir une expropriation qui serait nécessairement intervenue, ne saurait être regardé comme ayant fait une aliénation volontaire. (Alger, 15 juin 1867.)

Il va de soi que le droit d'invoquer l'art. 682 n'appartiendrait pas au propriétaire qui se serait lui-même enclavé en bâtissant de manière à s'interdire l'accès sur la voie publique.

5. Quelles sont les conditions nécessaires pour qu'un fonds soit considéré comme enclavé? Aux termes de l'art. 682, il faut que le fonds n'ait *aucune issue sur la voie publique*. La servitude n'est donc établie qu'au nom de la nécessité seule; elle ne pourrait être réclamée au cas de simple utilité. Mais la nécessité ne doit-elle se comprendre que du cas où le fonds n'a absolument aucune issue? Entendre les mots : « *aucune issue* », strictement et à la lettre, ce serait donner une solution contraire à l'esprit de la loi. Le but essentiel du législateur dans l'art. 682, c'est de rendre possible l'exploitation du fonds enclavé. Si donc le fonds, quoique n'étant pas complètement dépourvu d'accès à la voie publique, ne jouit pas d'une issue qui soit suffisante eu égard aux besoins de l'exploitation, il faudra dire alors que le fonds

n'a aucune issue dans le sens spécial de l'art. 682, et la servitude sera applicable. Par exemple, on devrait considérer comme enclavé l'héritage qui aurait une issue par laquelle il n'est point possible de passer avec des voitures chargées.

Un fonds serait enclavé dans le sens légal s'il n'avait d'issue que sur un chemin de halage (Jousselin, *Des serv. d'ut. publ.*, liv. 2, p. 550). Le chemin de halage, en effet, ne remplit pas l'office d'une voie publique. Il est établi uniquement pour les besoins de la navigation, et il ne saurait être converti en chemin d'exploitation pour l'agriculture, sans nuire à la fois à l'intérêt de la navigation et à l'intérêt des propriétés assujetties à la servitude de halage.

Il n'y aurait pas enclave, si long et si difficile que fût l'accès à la voie publique, lors même qu'il faudrait passer par un chemin détérioré ou à travers un sol d'une nature marécageuse. Pour qu'il y ait enclave, il faut que l'issue sur la voie publique soit matériellement insuffisante, dangereuse, et qu'elle ne puisse être rendue praticable sans des travaux et des dépenses qui excéderaient notablement l'indemnité à laquelle pourrait donner lieu la servitude. Le point de savoir si un fonds, bien qu'aboutissant à une voie publique, est enclavé ou non, est une question de fait qui dépend entièrement de l'appréciation des magistrats. Pour citer un exemple, il y aurait droit au passage sur les héritages intermédiaires lorsque le fonds serait séparé de la voie publique par une déclivité du sol telle qu'elle ne permettrait ni d'y faire monter, ni d'y faire descendre les charrettes.

Les idées ci dessus exposées ressortent de nombreux

arrêts de la jurisprudence qui a interprété l'art. 682 dans un sens rationnel et favorable aux besoins de l'agriculture. (Cass., 8 mars 1852; Cass., 4 juin 1866; Cass. Req., 15 janv. 1868.)

Le fonds pourrait être considéré comme n'ayant plus d'issue, lors même que l'insuffisance de l'ancienne issue résulterait d'une destination nouvelle donnée au fonds par son propriétaire. Ainsi, lorsque sur un terrain qui accédait primitivement à la voie publique serait créé un établissement thermal, les conditions de l'exploitation étant tout à fait modifiées, les tribunaux pourraient très-bien décider que l'ancienne issue est comme non existante, et qu'il y a lieu à la servitude légale du passage. Seulement, M. Demante fait avec raison la réserve suivante : « Il y aurait à examiner la convenance et l'opportunité de la nouvelle destination, et l'on devrait surtout considérer si le propriétaire n'en agit pas ainsi par pure malice. » (*Cours analyt.*, liv. 2, § 537 *bis.*)

Le propriétaire d'un fonds qui use actuellement d'un passage pour l'exploiter, ne saurait invoquer l'art. 682, sous prétexte que ce passage est de pure tolérance. Tant que le passage n'est pas contesté, le fonds ne peut, dans l'état, être considéré comme enclavé.

Lorsque les voisins contre qui sera réclamée la servitude repousseront l'action en articulant que la nécessité du passage n'existe pas, les tribunaux, pour vérifier le fait, ordonneront suivant les circonstances un rapport d'experts ou une descente de lieux.

6. La servitude est établie pour l'*exploitation* du fonds. Ce terme est générique, comme dit M. Demolombe. Toutes les distinctions proposées pour le restreindre sont arbitraires; les arguments tirés de diverses Cou-

tumes de l'ancien droit ne tiennent pas devant l'expression aussi compréhensive que l'art. 682 a employées. (V. en sens contr. Le Gentil, *Rev. prat.*, t. XI.) Le passage pourra être réclamé, quelle que soit la nature de l'immeuble enclavé, et quel que soit l'usage qu'en fait le propriétaire. Qu'il s'agisse d'un fonds destiné à l'agriculture, ou bien qu'il s'agisse d'un jardin d'agrément ou même d'une simple maison d'habitation, l'intérêt général de la société exige également que le propriétaire puisse, malgré l'enclave, retirer de sa chose tous les services et produits qu'elle est susceptible de rendre.

Il n'est pas nécessaire que l'héritage enclavé soit une propriété privée. Ainsi, il a été décidé que le passage peut être réclamé pour accéder à une fontaine communale. (Pau, 14 mars 1831.)

7. Quels fonds sont ou non assujettis à la servitude dont il s'agit? Cette servitude étant établie directement par la loi, il n'y a pas à s'inquiéter du plus ou moins de capacité des propriétaires des fonds grevés. *Eas alienationes lex non impedit quæ potestate juris fiunt.* Ainsi, la servitude grève les biens des mineurs et des interdits; elle grève le fonds dotal. On ne doit pas non plus prendre en considération la nature des fonds environnant l'enclave. Le passage peut être réclamé à travers cours et jardins, et même au travers d'un mur ou bâtiment. S'il devait s'effectuer sur des terres chargées de récoltes, il n'y aurait pas lieu d'appliquer l'art. 475 n° 10 (Code pénal), sauf le paiement d'une juste indemnité.

La servitude grève en principe les fonds qui dépendent du domaine public; elle grève notamment les francs bords d'un canal faisant partie des travaux de dessèchement d'un marais, alors d'ailleurs que l'exercice de la servitude n'altère en rien la destination du canal d'atterrissement (Montpellier, 18 janv. 1865, et Cass. Req., 11 nov. 1867). Mais si l'intérêt auquel pourvoit l'art. 682 se trouve en lutte avec un intérêt général qui lui soit équivalent ou même préférable, c'est dans ce cas l'administration qui décidera si la servitude peut s'exercer sur les fonds du domaine public. Ainsi, le plus souvent, sur les grandes routes, sur les chemins de fer, l'accès ne saurait être donné au propriétaire du fonds enclavé sans exposer les ouvrages à des dégradations, et sans nuire aux services spéciaux auxquels ces voies sont affectées. L'administration sera maîtresse de refuser le passage, ou de ne le permettre qu'en prescrivant pour son exercice des précautions de nature à concilier les intérêts en présence.

8. Disons dès maintenant que les propriétaires des fonds sur lesquels sera pris le passage ont droit à une indemnité. Nous étudierons plus loin sous l'art. 685 comment cette indemnité peut cesser d'être due. L'indemnité doit être réglée eu égard au préjudice éprouvé par celui qui livre le passage, et non par rapport à l'avantage que retire le propriétaire du fonds enclavé. Nous avons à appliquer ici les principes en matière d'indemnité, et non ceux de la vente. Il suit de là que si le passage était réclamé sur un terrain vague et inculte, il n'y aurait pas lieu à indemnité, le passage ne causant aucun tort. Mais le droit à l'indemnité renaîtrait si le propriétaire de ce terrain le rendait à la culture.

La loi n'ayant pas obligé les tribunaux à ordonner pour indemnité le paiement d'un capital, l'indemnité pourrait consister en une somme annuelle à payer au propriétaire du fonds grevé (Cass., 25 nov. 1845).

9. L'assiette du passage n'est pas déterminée d'une façon arbitraire.

Art. 683 : « Le passage doit régulièrement être pris du côté où le trajet est le plus court du fonds enclavé à la voie publique. »

C'est la règle qui se présentait le plus naturellement à l'esprit ; elle répond à l'intérêt du propriétaire de l'enclave, et elle paraît aussi être conforme à l'intérêt du propriétaire du fonds servant. Mais cette règle n'est pas absolue ; le mot : « *régulièrement* » indique qu'elle peut souffrir des exceptions, et, pour bien saisir la pensée de la loi, il faut vite faire intervenir l'art. 684.

Art. 684. « Néanmoins il doit être fixé dans l'endroit le moins dommageable à celui sur le fonds duquel il est accordé. »

Le juge ne devra donc pas prescrire aveuglément le trajet le plus court ; il est appelé, comme dans la loi romaine, à statuer *de opportunitate loci* (l. 12, *De religiosis*). C'est que la loi veut restreindre autant que possible la dérogation qu'elle impose au droit des propriétaires assujettis, et par conséquent il importe avant tout que le passage soit pris de la manière le moins dommageable pour eux.

Les règles des art. 683 et 684 serviront d'abord à déterminer sur lequel des fonds circonvoisins sera accordé le passage, et ensuite à fixer par quel endroit de ce fonds il devra s'exercer.

Bien que la loi se préoccupe principalement de l'intérêt des propriétaires qui sont forcés de souffrir le passage, elle ne s'oppose pas cependant d'une façon absolue à ce que le juge prenne en considération l'intérêt de celui qui réclame le passage. Et de plus, on

peut invoquer par analogie le précepte de l'art. 645 :
« Les tribunaux doivent concilier l'intérêt de l'agriculture avec le respect dû à la propriété. » Ainsi, lorsque
l'intérêt du propriétaire enclavé l'emportera de beaucoup sur l'intérêt de ses voisins, les tribunaux nous
paraîtraient avoir le droit de faire fléchir en sa faveur
les règles soit de l'art. 683, soit de l'art. 684.

Les conditions du passage devront être réglées en
même temps que l'endroit par où il s'exercera et d'après
les mêmes principes ; s'inspirer en premier lieu de l'intérêt de ceux qui subissent le passage, et ensuite, s'il
se peut, avoir égard à l'intérêt du propriétaire enclavé.

Il n'est pas nécessaire que l'action à fin de passage
soit intentée à la fois contre tous les propriétaires circonvoisins. Ce serait là bien souvent un inutile surcroît
de frais, et l'on ne voit pas pourquoi le propriétaire qui
réclame le passage ne triompherait pas dans sa demande, lors même qu'il n'aurait assigné qu'un seul de
ses voisins, s'il s'est adressé à celui qui est effectivement
reconnu comme débiteur du passage.

10. En dehors des règles des art. 683 et 684, l'exercice trentenaire du passage peut déterminer lequel des
fonds circonvoisins est tenu de le fournir, et sur quelle
partie de ce fonds il sera pris. Cette proposition n'a rien
de contraire au principe qui défend d'acquérir par
prescription des servitudes discontinues (694). Il ne
s'agit pas ici d'acquérir la servitude qui est conférée
par la loi elle-même ; il n'est question que d'une prescription libératoire. Du jour où on a passé chez lui, le
voisin avait une action pour soutenir soit que le passage
devait être exercé sur un autre fonds, soit qu'il devait

être pris par un autre endroit sur son propre fonds. Au bout de trente ans, cette action est prescrite (art. 2262). Rien de plus rationnel, comme le fait observer Pardessus : « Si le passage dure depuis plus de trente ans, il y a alors présomption qu'au commencement de la possession, l'état des lieux et la convenance ont été vérifiés, et que c'est parce que le voisin ne pouvait s'y refuser, qu'il l'a souffert aussi longtemps sans réclamer. »

Bien qu'il ne s'agisse pas d'une prescription acquisitive, l'exercice du passage doit réunir toutes les conditions exigées pour la possession (art. 2229). Sinon, le voisin contre qui serait invoquée la prescription à l'effet de déterminer l'assiette pourrait soutenir qu'il n'y a jamais eu véritable exercice d'une servitude de passage, mais simplement certains actes irréguliers qui ont passé inaperçus à ses yeux, ou qu'il a tolérés en faveur des relations de bon voisinage.

De même que l'assiette du passage, les conditions dans lesquelles il doit s'effectuer se trouveraient aussi déterminées au bout de trente ans.

La Cour de cassation a décidé (29 déc. 1847) que l'exercice trentenaire du passage sur un fonds dotal ne saurait établir aucune détermination. Après les trente ans, le propriétaire du fonds dotal serait encore recevable à soutenir soit que le passage n'a pas été pris sur le fonds dans les conditions les moins dommageables, soit même que son fonds ne devait pas du tout être grevé de la servitude, parce qu'il n'offre pas le trajet le plus court de l'enclave à la voie oublique. Cette doctrine est repoussée par les auteurs les plus éminents. (Troplong, *Contr. de mar.*, n°s 3281 et 3282. Demolombe.) Aucun droit, dit la Cour de cassation, ne peut s'acquérir par prescription sur l'immeuble dotal qui est imprescriptible. Mais il faut répondre qu'il ne s'agit ici nullement d'acquérir par prescription un droit de servitude sur un immeuble imprescriptible. La servitude frappe *potestate juris* tous les héritages circonvoisins, quelle que soit leur nature, fussent-ils dotaux ou même dépendants du domaine public. Il ne reste plus qu'à déterminer l'exercice du passage ; c'est là un simple règlement qui ne renferme aucune aliénation. Le mari avait le droit de consentir lui-même ce règlement, en vertu de ses pouvoirs d'administration. Pourquoi ne pourrait-il pas, en le laissant s'établir par le laps de temps, faire indirectement ce qu'il aurait pu faire directement?

11. Le droit de réclamer le passage ne se prescrit jamais ; il existe en vertu de la loi, par cela seul qu'il y a enclave. Mais, au contraire, l'indemnité a laquelle le passage donne lieu au profit des propriétaires grevés est parfaitement prescriptible.

Art. 685 : « L'action en indemnité, dans le cas prévu par l'art. 682, est prescriptible, et le passage doit être continué, quoique l'action en indemnité ne soit plus recevable. »

La prescription courra dès le premier jour où le passage a commencé, à moins qu'il n'ait été exercé d'abord à titre de familiarité, et que plus tard seulement il n'ait été fondé sur la nécessité. Il y aurait alors à distinguer les époques. Il ne faudrait tenir nul compte du passage, si prolongé qu'il fût, qui se serait produit à titre de pure tolérance ; il ne peut ni faire acquérir une servitude (art. 691), ni faire naître une question d'indemnité. Mais

du jour où le passage a été exercé à titre de passage
légal au cas d'enclave, le droit à l'indemnité était
ouvert; cette créance étant prescriptible comme toute
autre créance devait, même en l'absence d'un texte
spécial, être déclarée non recevable au bout de trente
ans.

Un système différent a été proposé par M. Valette.
La prescription ne commencerait à courir qu'à partir
du moment où l'indemnité a été réglée, soit par une
convention intervenue entre les parties, soit par un
jugement. En effet, dit M. Valette, c'est seulement lors
de cette convention ou de ce jugement que le droit au
passage est acquis; jusque là il ne peut être question
ni d'indemnité ni de prescription, puisque la servitude
n'existe pas encore. — Le point de départ du système de
M. Valette est donc pris dans une interprétation de
l'art. 682 qui est tout à fait opposé à la nôtre. Selon
nous, il n'est besoin ni de convention ni de jugement
pour établir la servitude de passage; elle est acquise
de plein droit dès qu'il y a enclave. Tout le démontre :
non-seulement les termes impératifs : « *pourra réclamer* » de l'art. 682, mais encore la rubrique de *servitudes
établies par la loi* sous laquelle cet article est placé, et enfin
les motifs d'utilité publique qui l'ont inspiré. Nous
sommes en présence d'une servitude d'utilité publique
qui prend immédiatement naissance, en vertu de la loi
seule, à l'instant même où se trouvent réunies les conditions de fait en vue desquelles elle a été instituée. Au
moment où commencera l'exercice de cette servitude
et le préjudice pour le fonds servant, alors naîtront à
leur tour la dette et la créance d'indemnité, et la prescription courra contre elle.

L'art. 685 dit que le passage continuera, nonobstant l'extinction de l'indemnité. Cela allait de soi, puisque l'existence de l'enclave donne un droit permanent au passage.

12. Quels sont relativement au fonds grevé les effets du passage? Le propriétaire assujetti conserve la propriété intégrale de son terrain; il est tenu seulement de souffrir l'exercice du passage. S'il a été jugé nécessaire d'établir un véritable chemin d'exploitation, c'est à lui qu'appartiendra la propriété de ce chemin, et il sera libre de s'en servir pour son usage.

L'art. 647 semble refuser la faculté de se clore au propriétaire chez qui s'exerce le passage. Art. 647 : « Tout propriétaire peut clore son héritage, sauf l'exception portée en l'art. 682. » Mais conclure de là que le passage doit toujours être absolument ouvert, sans porte ni barrière, ce serait une interprétation judaïque. L'art. 647 signifie simplement que le propriétaire ne pourra pas se clore de manière à s'affranchir de la servitude de passage; il lui restera le droit de faire toutes les clôtures compatibles avec l'existence de cette servitude.

Les frais nécessaires pour l'établissement du passage sont en principe supportés par le propriétaire du fonds dominant (art. 698). Cependant si le propriétaire assujetti devait se servir du passage, il lui incomberait une part des frais proportionnelle à l'utilité qu'il retire.

13. Dans quels cas peut cesser la servitude de l'article 682? Elle n'est pas perdue par le défaut d'exercice pendant trente ans, car c'est la loi qui la constitue sans cesse tant que subsiste l'enclave, et on ne prescrit pas

contre la loi. Si donc le propriétaire de l'héritage enclavé après l'avoir laissé inculte, de manière à n'avoir
pas eu besoin de passage pendant trente ans et plus,
voulait ensuite reprendre l'exploitation, il aurait le
droit de passer comme s'il n'avait jamais négligé d'en
user. Et ce, sans payer une nouvelle indemnité, si
primitivement il en avait payé une : car ce n'est pas
une nouvelle servitude qui est réclamée, mais c'est
toujours la même qui persiste en vertu de la loi.

La servitude une fois acquise, serait-elle éteinte si le
fait d'enclave venait à cesser d'une façon accidentelle
ou même définitive, par suite de quelque accident ulté-
rieur, tel que l'établissement d'un chemin ou la réunion
du fonds originairement enclavé à une propriété accé-
dant à la voie publique? Il semblerait juste que la servitude légale prît fin, puisque la nécessité qui lui donnait naissance a cessé d'exister. C'est là néanmoins une
question fort débattue. Pour la persistance de la servitude après la cessation de l'enclave, on argumente
ainsi : les servitudes de leur nature sont perpétuelles
comme les héritages dont elles deviennent les attributs.
Elles ne s'éteignent que dans certains cas déterminés
par la loi : impossibilité matérielle dans l'état actuel
des lieux d'user de la servitude (art. 703), non-usage
pendant trente ans (art. 706), par la réunion des fonds
dans la même main (art. 705), et encore par la remise
que ferait le propriétaire du fonds dominant. Aucun de
ces cas d'extinction ne se rencontrant dans notre hypothèse, la servitude sera maintenue. (Cass. 19 janv. 1848.
— Demolombe.) Ces motifs sont peut-être plus spécieux
que décisifs. S'il est vrai que les servitudes sont en
général perpétuelles, celle de l'art. 682 ne l'est pas. La

loi n'accorde le passage qu'à raison de la nécessité résultant de l'enclave : *Cessante causa, cessat effectus.* Lorsqu'il n'y a plus d'enclave, la disposition exceptionnelle de la loi n'a plus d'objet, et l'on rentre dans le grand principe de la liberté des héritages. (Rouen, 13 déc. 1862. — Paris, 20 nov. 1865. — Limoges, 15 mars 1869.)

La servitude venant à cesser, l'indemnité n'a plus de cause, et celui qui l'a payée a une action en répétition, sauf à tenir compte au propriétaire assujetti du dommage éprouvé pendant le temps qu'a duré le passage. (Limoges, 15 mars 1869.)

CHAPITRE IV.

DU DROIT DE SERVITUDE DES MINES SUR LA SURFACE DU SOL
(loi du 21 avril 1810).

1. La mine et la surface du sol constituent deux propriétés distinctes.
2. La mine est comme enclavée par la surface.
3. Textes qui établissent la servitude de la mine sur la surface.
4. En quoi consiste cette servitude.
5. Limitations qui y sont apportées par l'article 11.
6. La prohibition de l'article 11 ne s'étend pas aux travaux souterrains.
7. Importantes compensations que reçoit la surface pour la charge qui lui est imposée par la servitude des mines.
8. La servitude des mines ne va pas jusqu'à condamner la surface à l'immobilité.
9. Règlement des indemnités dues à la surface pour les travaux exécutes en vertu de la servitude (art. 43 et 44).
10. C'est à l'autorité administrative que les articles 43 et 44 remettent l'évaluation de l'indemnité.

11. Les articles 43 et 44 ne s'appliquent qu'à l'hypothèse d'un fait autorisé par la servitude légale. Ils ne concernent pas les dommages causés à la surface par un fait illicite du concessionnaire de la mine.

1. « La propriété du sol emporte la propriété du dessus et du dessous» (art. 552). La conséquence nécessaire de ce principe, c'est que les gisements minéraux qui existent dans les profondeurs de la terre appartiennent au propriétaire de la surface superposée. Mais par de puissants motifs d'utilité publique l'Etat est investi du droit d'exproprier de son tréfonds ce propriétaire. Lorsque la mine est expropriée, l'Etat en confère la propriété perpétuelle à un concessionnaire sous la condition de payer une indemnité à l'ex-propriétaire. Nous avons alors deux propriétés distinctes, horizontalement séparées l'une de l'autre : l'une de ces propriétés comprend la surface de la terre qui continue à résider entre les mains du propriétaire du sol ; l'autre se compose du tréfonds qui appartiendra désormais au concessionnaire de la mine, moyennant l'indemnité qu'il est chargé d'acquitter.

2. De ces idées préliminaires conformes au système adopté par la jurisprudence (V. notamment Cass., 3 mars 1841. — Dijon, 29 mars 1054. — Cass. Chambres réunies, 23 juillet 1862), il résulte que la mine doit être considérée comme *enclavée* par la surface (Réquisitoire de M. de Raynal. Cass., 23 juillet 1862). On ne peut pénétrer dans la mine qu'en traversant la surface ; on ne peut exploiter les richesses souterraines qu'en établissant sur leur périmètre certains ouvrages extérieurs. La force des choses exige donc que la surface soit assujettie à une servitude en faveur de la mine. A défaut de texte spécial, l'art. 682 serait applicable ici

par une identité de motifs. Mais il ne suffirait pas : les besoins d'exploitation de la mine ne se bornent pas à réclamer un simple passage sur la surface du sol, mais une servitude beaucoup plus étendue. Il est indispensable pour les concessionnaires non-seulement d'ouvrir à la surface des puits qui descendent dans la mine, d'y pratiquer des chemins pour les ouvriers et pour le transport des produits, mais aussi d'y établir provisoirement ou définitivement des machines, des bâtiments, des dépôts de matières extraites, etc. Le législateur ne pouvait méconnaître ces nécessités qui s'imposaient à lui ; nous devons donc trouver dans la loi organique sur les mines, c'est-à-dire dans la loi du 21 avril 1810, la consécration de la servitude du sol au profit de la mine. A vrai dire, cette servitude n'est pas inscrite expressément dans la loi. Cela tient à ce que le législateur de 1810 a évité soigneusement de poser aucun principe. En présence des profondes dissidences qui s'étaient produites sur les principes de la propriété minière, les rédacteurs de la loi se sont conformés à la pensée émise par le comte Boulay de la Meurthe : « Il serait prudent de s'abstenir de toute définition et de n'insérer dans le projet que des articles d'exécution. » (C. d'Et. 9 janv. 1810.) Mais si le législateur n'a pas jugé utile de proclamer le droit de servitude des mines, il lui était impossible de ne pas le prévoir comme une conséquence nécessaire de l'exploitation ; il l'a donc implicitement reconnu, et il a employé plusieurs articles à le réglementer.

3. Les textes d'où ressort la servitude des mines sur la surface du sol sont les articles 8, 10, 11, 43 et 44 de la loi de 1810.

D'après l'article 8, sont immeubles les bâtiments, machines, puits, galeries, et autres travaux établis à demeure. Il suit de là que le concessionnaire de la mine jouit du droit de pratiquer sur la surface les ouvrages nécessaires à son exploitation et de les y établir à demeure.

L'article 10 permet de faire des recherches pour découvrir des mines, d'enfoncer des sondes ou tarières sur le terrain d'autrui, sans le consentement du propriétaire de la surface, pourvu qu'on ait l'autorisation du gouvernement. Par conséquent, si même avant la concession les exploiteurs jouissent de certains droits sur la surface. ces droits ne pourront que persister et s'accroître lorsque la concession sera intervenue et aura conféré aux exploiteurs la disposition pleine et absolue de la mine.

L'article 11 est ainsi conçu : « Nulle permission de recherches ne pourra, sans le consentement formel du propriétaire de la surface, donner le droit de faire des sondes, d'ouvrir des puits ou galeries, ni d'établir des machines ou magasins dans les enclos murés, cours ou jardins, ni dans les terrains attenant aux habitations ou clôtures murées dans la distance de cent mètres desdites clôtures ou habitations. »

De cet article résulte par un invincible argument *a contrario* la reconnaissance du droit de servitude des mines. Sauf les limitations ci-dessus indiquées, le périmètre permissionné ou concédé sera soumis à la servitude soit pour les travaux de recherches, soit pour les besoins de l'exploitation.

Enfin la servitude est confirmée par les articles 43 et 44 qui contiennent règlement des indemnités auxquelles son exercice donnera lieu.

4. Etudions maintenant en quoi consiste cette servitude, quels avantages elle procure au concessionnaire de la mine, et jusqu'à quel point elle restreint les droits du propriétaire de la surface.

L'assujettissement de la surface au profit de la mine se manifeste dès avant la concession.

« Nul ne peut, dit l'article 10, faire des recherches pour découvrir des mines, enfoncer des sondes ou tarières sur un terrain qui ne lui appartient pas, que du consentement du propriétaire de la surface, ou avec l'autorisation du gouvernement, donnée après avoir consulté l'administration des mines, à la charge d'une préalable indemnité envers le propriétaire et après qu'il aura été entendu. »

L'*autorisation du gouvernement* signifie l'autorisation donnée par le chef de l'Etat. Elle ne pourrait être accordée par un ministre. Jamais un texte de loi ne s'est servi des expressions : *autorisation du gouvernement* pour parler de l'autorisation ministérielle.

Si les travaux de recherches avaient lieu sans l'autorisation du gouvernement, ou sans le consentement du propriétaire de la surface, ce seraient de simples voies de fait que celui-ci pourrait repousser. Les indemnités dues pour ces voies de fait seraient réglées conformément au droit commun. — Quant aux indemnités pour les travaux de recherches régulièrement faits, elles sont fixées d'une manière particulière dans les articles 43 et 44 que nous étudierons tout à l'heure.

L'acte de concession a été rendu : l'explorateur s'est changé en un concessionnaire. La mine devient pour lui une propriété perpétuelle (art. 7) qui lui appartient privativement comme tout autre immeuble. Il a le droit d'exploiter toute la matière minérale qu'elle renferme ; et par là même, la concession lui confère le droit d'opérer sur la surface tous les travaux que demanderont les divers besoins de l'exploitation. Sinon, la concession serait illusoire. Le concessionnaire est donc maître d'occuper et de percer à sa volonté la surface du sol. Il y établira soit temporairement, soit même à demeure ses bâtiments, magasins, bureaux, machines, puits, galeries, dépôts de mines, chemins de charroi, etc., enfin tous les ouvrages nécessaires à l'exploitation. L'étendue de la surface ainsi assujettie à l'exploiteur est fixée par le plan régulier qui doit être annexé à la demande de concession (art. 30).

5. Le respect du domicile a fait excepter de la servitude différents points de la surface : *les enclos murés, les cours ou jardins, et les terrains attenant aux habitations ou clôtures murées dans la distance de cent mètres desdites clôtures ou habitations* (art. 11).

Que doit-on entendre par ces mots : *terrains attenant aux habitations...?* La prohibition ne s'applique-t-elle à ces terrains que dans le cas où ils appartiennent au propriétaire des habitations ou clôtures ? ou bien s'applique-t-elle encore lorsque le terrain et l'habitation appartiennent à deux maîtres différents ? La Cour de cassation s'est prononcée plusieurs fois dans ce dernier sens : « attendu que l'art. 11 est conçu en termes généraux et qu'il ne fait aucune distinction, et que dès lors il repousse celle que l'on chercherait à établir entre le cas où le propriétaire d'un terrain clos est en même temps propriétaire du terrain sur lequel un puits a été ouvert à une distance moindre de cent mètres des habitations et clôtures, et le cas où l'enclos et le terrain sur lequel

le puits a été pratiqué appartiennent à deux propriétaires différents » (1er août 1843, — 23 janvier 1827, —
21 avril 1823). Cependant la distinction repoussée par
le Cour de cassation semble clairement résulter de l'esprit de la loi. Les dispositions de l'art. 11 sont inspirées
par le respect du domicile (Rapport de M. Stanislas de
Girardin). Si les terrains attenants sont compris dans
la prohibition, c'est parce qu'ils sont considérés comme
la continuation, comme l'accessoire du domicile. Or, ils
ne peuvent être considérés comme tels lorsqu'ils appartiennent à un autre que le propriétaire de l'habitation
ou enclos, et l'on ne voit plus quelles raisons l'on pourrait invoquer à l'appui du privilége dont ils jouiraient.

6. Il est à remarquer que les limitations de l'art. 11
ne s'adressent qu'aux travaux exécutés à la surface, et
ne visent nullement les travaux souterrains. En vertu de
la concession, l'exploiteur a droit à retirer toute la matière minérale que renferme le tréfonds : ce droit ne
saurait être restreint sans une disposition formelle, et
cette disposition ne se rencontre ni dans l'art. 11 dont
les termes ne concernent que l'établissement de travaux
extérieurs, ni dans aucun autre texte. L'exploiteur a
donc le droit de diriger ses opérations souterraines
dans toutes les parties du tréfonds qui lui est concédé ;
il pourra prolonger ses galeries jusque sous les habitations et terrains attenants, pourvu que l'orifice des
travaux se trouve en dehors des endroits réservés par
l'art. 11. Il faut ajouter que la loi a pris des précautions
suffisantes pour protéger les propriétés bâties contre
les dangers que les travaux souterrains pourraient leur
faire courir. D'abord l'administration exerce une haute
surveillance sur les mines dans l'intérêt général, et

dans l'intérêt de la conservation des maisons et de la sûreté du sol (art. 47-50). En outre les propriétaires menacés tiennent de l'art. 15 un droit direct contre l'exploiteur. «Le concessionnaire, dit cet article, doit, le cas arrivant de travaux à faire sous des maisons ou lieux d'habitations..., donner caution de payer toute indemnité en cas d'accident; les demandes ou oppositions des intéressés sont, en ce cas, portées devant les tribunaux et cours. »

7. Ainsi donc, sauf les réserves portées en l'art. 11, la surface est grevée au profit de la mine d'une servitude fort onéreuse. Cette servitude n'est exorbitante qu'en apparence : outre qu'elle est fondée sur une impérieuse nécessité, elle se justifie encore par les considérations suivantes. Le propriétaire de la surface touche une redevance perpetuelle sur les produits de la mine (art. 6); il est associé à l'exploitation sans aucun effort de sa part, et sans aucun déboursé. En outre il a droit à une indemnité spéciale, réglée par les art. 43 et 44, pour le préjudice causé à son sol par l'exercice de la servitude. Quant aux dommages qui seraient occasionnés par les travaux souterrains, ce sont là des quasi-délits contre lesquels il recourra aux termes du droit commun.

8. Cependant, si naturel et si équitable que soit l'asservissement de la surface au profit de la mine, nous ne pensons pas qu'il soit aussi absolu que le prétend une doctrine nouvelle défendue avec vigueur par M. Rey (*De la propriété des mines. — Commentaire de la loi sur les mines*). Dans cette doctrine le propriétaire de la surface ne peut établir des bâtiments ou clôtures nouvelles en dehors des réserves accordées par l'art. 11 ou

par l'acte de concession. S'il le fait, c'est à ses risques et périls; aucun dédommagement ne lui sera dû pour la perte de ces innovations; autrement, ce serait lui permettre d'interdire une partie de l'exploitation de la mine. En un mot, d'après M. Rey, la surface à partir de la concession serait vouée au *statu quo*. Elle ne demeurerait propre qu'à la culture. Selon nous, cette extension de la servitude est complètement arbitraire. Aucun texte ne l'autorise, rien même dans la loi ne peut la faire induire. Au contraire, nous voyons partout que les droits inhérents au propriétaire de la surface demeurent entiers en principe, sauf, bien entendu, les restrictions expressément reconnues par la loi.

9. Nous arrivons maintenant à la question des indemnités dues au propriétaire de la surface pour les travaux qu'il subit par suite de la servitude. Ce point est réglé par les articles 43 et 44. Bien des interprétations différentes ont été présentées sur le sens de ces deux textes, et principalement sur l'hypothèse en vue de laquelle ils ont été rédigés. L'examen et la critique de ces divers systèmes nous mènerait trop loin. Nous suivrons la doctrine de l'arrêt rendu, toutes chambres réunies, par la Cour de cassation le 23 juillet 1862. Cet arrêt décide que les articles 43 et 44 « n'ont eu en vue que la fixation des indemnités dues au propriétaire de la surface du sol, par suite de l'occupation temporaire ou définitive des terrains sur lesquels le propriétaire de la mine est autorisé à établir ses travaux en vertu de la servitude dont cette surface a été nécessairement grevée à son profit dans un intérêt général. »

Ajoutons que ces articles règlent aussi l'indemnité due pour les travaux de recherches opérés conformément à l'article 10. L'article 10, il est vrai, parle d'indemnité *préalable*, tandis que les articles 43 et 44 supposent que les recherches sont achevées, ou tout au moins durent depuis plus d'une année lorsque l'indemnité est déterminée. Mais cette contrariété s'explique quand on songe que le législateur n'avait pour but dans l'article 10 que de poser le principe de l'indemnité, sauf à le développer plus loin. Les articles 43 et 44 sont devenus le véritable siége de la matière, et ils ont enlevé toute signification au mot de *préalable* dont l'article 10 qualifiait l'indemnité. Ce mot n'a été maintenu dans l'article 10 que par une omission.

« Art. 43. Les propriétaires de mines sont tenus de payer les indemnités dues au propriétaire de la surface sur le terrain duquel ils établissent leurs travaux. Si les travaux entrepris par les explorateurs ou par les propriétaires de mines ne sont que passagers, et si le sol où ils ont été faits peut être mis en culture au bout d'un an, comme il était auparavant, l'indemnité sera réglée au double de ce qu'aurait produit le terrain endommagé. »

« Art. 44. Lorsque l'occupation des terrains pour la recherche ou les travaux des mines prive le propriétaire du sol de la jouissance du revenu au de là du temps d'une année, ou lorsque, après les travaux, les terrains ne sont plus propres à la culture, on peut exiger des propriétaires des mines l'acquisition des terrains à l'usage de l'exploitation. Si le propriétaire de la surface le requiert, les pièces de terres trop endommagées ou dégradées sur une trop grande partie de leur surface devront être achetées en totalité par le propriétaire de la mine. L'évaluation du prix sera faite, quant au mode, suivant les règles établies par la loi du

16 septembre 1807, sur le dessèchement des marais, etc., titre XI ; mais le terrain à acquérir sera toujours estimé au double de la valeur qu'il avait avant l'exploitation de la mine. »

En résumé, le propriétaire de la surface recevra en cas d'occupation temporaire le double du revenu net, et en cas d'occupation définitive le double de la valeur vénale. La valeur vénale se calculera sur le revenu capitalisé au denier vingt.

Pourquoi l'indemnité est-elle accordée au double, tandis que dans toute autre matière elle n'est jamais fixée qu'au simple par les lois soit antérieures, soit postérieures à celle de 1810 ? C'est qu'ici l'indemnité est une indemnité à forfait. La loi a voulu éviter les contestations trop longues et trop difficiles auxquelles l'estimation des dommages donnerait lieu entre le propriétaire de la surface et le concessionnaire de la mine Dans bien des cas, cette indemnité à forfait sera inférieure à celle que la surface aurait pu prétendre sous l'empire du droit commun.

10. Quelle est l'autorité compétente pour le règlement de l'indemnité? L'article 44 renvoie à la loi de 1807 sur le dessèchement des marais (tit. XII). Par conséquent, c'est à l'autorité administrative qu'il appartiendra de statuer sur tout ce qui concerne les indemnités dont il est question dans les articles 43 et 44. — Un argument contraire a été tiré de l'article 46 : « Toutes les questions d'indemnités à payer par les propriétaires de mines à raison des recherches ou travaux antérieurs à l'acte de concession, seront décidées conformément à l'article 4 de la loi du 28 pluviôse an VIII. »

On a soutenu par *a contrario* des mots : *travaux anté-*

rieurs, que ce serait aux tribunaux civils de faire le règlement des indemnités dues pour les travaux *postérieurs*
à l'acte de concession. Mais une observation bien simple
dissipera cette objection : l'article 46 est conçu dans
un tout autre ordre d'idées que les articles 43 et 44 ;
il vise une hypothèse bien différente : les indemnités
dont il traite ne sont pas celles dues au propriétaire de
la surface ; ce sont celles que le concessionnaire de la
mine peut devoir à d'autres personnages, tels qu'à un
ancien explorateur, à un ancien exploitant qui aurait
fait des travaux dont l'exécution profiterait à l'exploitation actuelle.

11. Du sens que nous avons donné aux articles 43 et
44, il résulte que leurs dispositions ne seraient pas applicables lorsque le propriétaire de la mine aurait
causé un dommage à la surface, non pas en vertu d'un
fait autorisé comme l'exercice de la servitude légale,
mais par des actes illicites, délits ou quasi-délits. Lorsque, par exemple, il aurait occupé la surface sans avoir
rempli les formalités prescrites par l'article 10, ou lorsqu'il aurait porté préjudice à cette surface, à raison de
fissures et d'effondrements occasionnés par des travaux
souterrains, dans ces hypothèses et autres semblables
il n'aurait pas exercé les facultés que lui confère son
droit de servitudes sous les conditions des articles 43 et
44, mais il se serait rendu coupable d'un délit ou quasi-
délit dont la loi abandonne la réparation à l'autorité
judiciaire qui appliquera les règles du droit commun.

CHAPITRE V.

DE LA SERVITUDE DE PASSAGE SUR LES PROPRIÉTÉS DU VOISI-
NAGE ÉTABLIE AU PROFIT DES MINES, ET AU PROFIT DES
MINIÈRES ET DES USINES A TRAITER LE FER.

La législation des mines nous présente encore une
autre servitude que l'intérêt géneral a fait établir entre
propriétés voisines : c'est une servitude qui grève, non
plus la surface même de la mine, mais les héritages voisins de cette surface.

En effet, ce n'était pas avoir pourvu à tous les besoins
de l'exploitation que de permettre au propriétaire de
richesses souterraines d'occuper la surface et d'y établir
ses travaux, il fallait encore lui fournir un passage sur
les propriétés avoisinantes pour emporter ses produits,
et l'autoriser même à pratiquer sur lesdites propriétés
certains ouvrages qui n'auraient pu être placés sur le
sol même de la mine.

En ce qui touche les concessionnaires de mines, c'est
de la loi du 27 juillet 1791 (art. 17 et 25, tit. 2) que résulte pour eux le droit d'établir sur le terrain des voisins les chemins et passages nécessaires à leur exploitation, et aussi le droit d'y établir certains appareils ou
travaux, mobiles ou fixes, temporaires ou à demeure,
qui servent à laver les matières extraites, et à débar-
rasser la mine des terres dont elle est enveloppée.

Article 17 : « La mine extraite de la terre pourra être
lavée et transportée en toutes saisons, à charge par les

maîtres de forges de dédommager ceux sur les propriétés desquels ils établiront des patouillets ou lavoirs, des chemins pour le transport ou charroi...., sans cependant que le transport puisse se faire à travers des héritages ensemencés. »

Article 25 : « Lorsqu'il sera nécessaire à une exploitation d'ouvrir des travaux de secours dans un canton du voisinage, l'entrepreneur demandera la permission au directoire du département, pourvu que ce ne soit pas pour extraire des minéraux provenant de ce nouveau canton, mais pour y étendre des travaux nécessaires, tels que galeries d'écoulement, chemins, prise d'eau ou passage d'eau, et autres de ce genre...., à la charge d'indemniser le propriétaire de la surface. »

La loi du 21 avril 1810, dans son article 80, accorde une pareille servitude aux propriétaires de minières, et aux propriétaires de fourneaux, forges et usines à traiter le fer.

Article 80 : « Les impétrants sont aussi autorisés à établir des patouillets, lavoirs et chemins de charroi sur les terrains qui ne leur appartiennent pas, mais sous les restrictions portées en l'article 11 ; le tout à charge d'indemnité envers les propriétaires du sol, et en les prévenant un mois à l'avance. »

Depuis la loi du 9 mai 1866 ces mots : *les impétrants* n'ont plus de sens. La loi de 1866 a abrogé le système de permissions organisé par la loi de 1810 pour l'établissement des fourneaux, forges et usines.

La loi du 9 mai 1866 a également abrogé les dispositions de la loi de 1810 (art. 59 et s.) qui grevaient les propriétaires de minières d'une certaine servitude au profit des usines du voisinage. Cette servitude les obligeait à exploiter en quantité suffisante pour fournir aux besoins des usines établies dans le voisinage.

Nous savons quelles sont les restrictions de l'art. 11 étudié dans le précédent chapitre. Elles exceptent de la servitude les enclos murés, les cours ou jardins, ainsi que les terrains attenant aux habitations ou clôtures murées dans la distance de 100 mètres desdites clôtures ou habitations.

Le droit de passage sur les fonds voisins accordé aux propriétaires des mines et minières et aux usiniers, n'est autre chose qu'une application particulière du principe général de l'article 682. Il faut donc se référer ici aux règles du passage en cas d'enclave. Par exemple, les tribunaux devront vérifier si l'exploitant ou usinier qui réclame le passage n'en a pas d'autre à sa disposition, et ils veilleront à ce que le chemin soit pris de la façon la moins dommageable aux propriétés voisines.

CHAPITRE VI.

DES SERVITUDES ÉTABLIES ENTRE PROPRIÉTAIRES VOISINS POUR L'IRRIGATION DES FONDS.

Les mesures prises en faveur de l'irrigation se rattachent très-directement à l'intérêt public. Sans doute leur bénéfice immédiat est recueilli par les propriétaires qui veulent arroser leurs fonds, mais il est certain néanmoins que le législateur lorsqu'il les a édictées avait surtout en vue les avantages généraux de la société, car faciliter l'irrigation qui est un des agents les plus puissants de la production agricole, c'est développer la richesse et la santé du pays.

Le Code civil s'était borné dans l'article 644 à reconnaître aux riverains d'une eau courante le droit de s'en servir pour l'irrigation de leurs propriétés. Dans bien des cas ce n'était pas suffisant; les besoins de l'agriculture réclamaient une intervention plus efficace du législateur, et les deux lois du 29 avril 1845 et du 11 juillet 1847 ont imposé à la propriété les assujettissements qui étaient jugés nécessaires pour augmenter les irrigations. La première de ces lois a créé *la servitude d'aquèduc*, et la seconde *la servitude d'appui*. Nous allons traiter successivement de chacune de ces servitudes.

Section 1. — De la servitude d'aqueduc (loi du 29 avril 1845, art. 1 et 2).

1. Hypothèse que prévoit cette servitude.
2. Du pouvoir discrétionnaire des tribunaux d'accorder ou de refuser la servitude.
3. Quelles sont les eaux dont on a *le droit de disposer*, aux termes de la loi?
4. Quels sont les fonds exempts de la servitude?
5. De l'indemnité due au propriétaire du fonds assujetti.
6. Ce proprietaire a-t-il le droit d'utiliser l'eau du canal d'irrigation?
7. De l'ecoulement des eaux qui ont servi a l'irrigation.
8 Compétence des tribunaux et de l'administration en cette matière.

1. Voici l'hypothèse en vue de laquelle a été établie la servitude d'aqueduc : un propriétaire a le droit de disposer de certaines eaux, et voudrait s'en servir pour l'irrigation de ses domaines. Seulement les eaux sont séparées de ses propriétés par des fonds intermédiaires. En cas de mauvais vouloir ou d'incapacité civile des

propriétaires de ces fonds, il devrait donc renoncer à utiliser ses eaux. La loi de 1845 vient à son secours en lui donnant le droit de forcer les propriétaires intermédiaires à souffrir, sous certaines conditions, le passage des eaux destinées à l'irrigation.

L'article 1er de la loi de 1845 est ainsi conçu : « Tout propriétaire qui voudra se servir, pour l'irrigation de ses propriétés, des eaux naturelles ou artificielles dont il a le droit de disposer, pourra obtenir le passage de ces eaux sur les fonds intermédiaires, à la charge d'une juste et préalable indemnité.

Sont exceptés de cette servitude les maisons, cours, jardins, parcs et enclos attenant aux habitations. »

2. Il faut d'abord observer un caractère propre à cette servitude. Elle se distingue des autres servitudes d'utilité publique en ce qu'elle n'existe pas de plein droit. Le texte ne porte pas : *le propriétaire pourra réclamer* comme dans l'article 682, mais il dispose simplement : le *propriétaire pourra obtenir*, mots d'autant plus significatifs que les termes : *pourra obtenir* ont été substitués par voie d'amendement à ceux employés dans le projet primitif : *pourra réclamer*. Cela veut donc dire que la servitude est facultative, du moins en ce sens qu'il est laissé aux tribunaux le droit d'en accorder ou d'en refuser l'exercice. Cependant elle ne doit pas être considérée comme une servitude *judiciaire*, mais bien comme une servitude *légale ;* c'est la loi elle-même qui l'établit, sauf aux tribunaux à examiner si dans tel ou tel cas les opérations projetées sont de la nature de celles en faveur desquelles la loi a fait fléchir le droit de propriété. La servitude n'a été introduite qu'au profit de l'irrigation; elle ne peut être demandée pour les eaux

destinées à l'industrie, à l'utilité domestique ou au simple agrément.

3. Le passage peut être accordé pour toute espèce d'eaux, soit qu'il s'agisse d'eaux *naturelles* comme les eaux de pluie, de rivière ou de source, soit qu'il s'agisse d'eaux *artificielles*, c'est-à-dire d'eaux obtenues à l'aide de travaux comme celles qui sortent des puits.

Il faut, aux termes de la loi, que le propriétaire ait le *droit de disposer* des eaux pour lesquelles il demande le passage. Le droit de disposer des eaux peut provenir de trois causes différentes : d'un droit de propriété, d'un droit d'usage, ou d'une concession.

1° Les eaux dont on dispose à titre de propriétaire sont les eaux des sources, des lacs et étangs, les eaux pluviales recueillies dans des réservoirs, les eaux qui jaillissent du sol par des procédés artificiels.

2° A titre de simple usager on a le droit de disposer des eaux des petites rivières qui ne sont ni navigables ni flottables (art. 644).

3° Enfin, on dispose des eaux à titre de concessionnaire, soit lorsqu'on a obtenu de l'administration le droit de dériver sur une rivière navigable ou flottable, soit lorsqu'on s'est fait accorder une prise d'eau par le propriétaire d'une source, lac, étang, etc., ou par le propriétaire riverain d'un cours d'eau non navigable ni flottable.

Relativement à chacune de ces espèces d'eaux, il s'est élevé des difficultés plus ou moins considérables. Nous nous contenterons de les indiquer en émettant brièvement notre avis, car elles ne se présentent ici que d'une façon accessoire. Au point de vue de ce travail, ce qui nous intéresse surtout, ce sont les restrictions apportées au droit de propriété de celui qui subit la servitude d'aqueduc, cette servitude étant supposée régulièrement établie. Quant aux hypothèses où un propriétaire a le droit d'employer des eaux pour l'irrigation, leur examen approfondi ne pourrait être fait que dans une étude spéciale des droits des particuliers sur les eaux.

En ce qui concerne la première espèce d'eaux, celle des sources, des réservoirs, des puits, il n'y a pas de difficulté. Elles constituent une véritable propriété privée, avec droit entier de disposition. On a parfois soutenu qu'il ne fallait pas ranger dans cette catégorie les eaux qui, découlant de la voie publique, seraient à l'aide de travaux dérivées et recueillies sur un fonds latéral. Cette opinion doit être repoussée. Il est vrai que les eaux de pluie, tant qu'elles coulent sur la voie publique, sont *res nullius* et appartiennent au premier occupant; mais lorsqu'elles ont été amenées sur un fonds privé, elles cessent d'être *res nullius*. Il n'y a aucune différence à faire entre elles et les eaux qui seraient tombées directement sur le fonds. (Agen, 7 février 1856. Colmar, 3 février 1863.)

Quant aux eaux de la seconde espèce, celles des petites rivières non navigables ni flottables, il s'élève plusieurs questions importantes et fort délicates. Il est permis au premier abord de douter si quelque application de la loi de 1845 pourra jamais se présenter pour ces eaux. D'une stricte interprétation de l'art. 644, il semblerait résulter que le droit d'user des eaux n'appartient qu'aux seuls riverains, seulement pour leurs héritages contigus à la rivière, et qu'en outre le droit de lever l'eau serait limité à la partie de la rivière qui longe leurs héritages. Il suivrait de là qu'il n'y aurait jamais lieu de demander le passage de l'eau sur des fonds intermédiaires. Plusieurs auteurs, entre autres Jousselin (*op. cit.*), affirment en effet que la loi de 1845 contenant des suppositions inconciliables avec l'art. 644 du Code civil, jamais les riverains d'un petit cours d'eau n'auront à invoquer la servitude d'aqueduc. Il est cependant bien difficile d'admettre un pareil système qui restreindrait singulièrement les cas auxquels pourrait s'appliquer le bénéfice de la loi de 1845. C'est méconnaître le caractère de généralité des termes de cette loi, et la pensée de ses auteurs manifestée à plusieurs reprises dans la discussion. Aussi déciderons-nous au contraire que dans maintes hypothèses il sera utile de recourir à la servitude d'aqueduc pour irriguer au moyen des rivières non navigables ni flottables.

Parmi ces hypothèses, en voici les deux principales :

1° Le riverain d'un petit cours d'eau peut vouloir étendre l'irrigation à ses propriétés non riveraines. Il en a le droit; si cela était contesté sous l'empire de l'art. 644, la controverse est tranchée par l'interprétation législative qui est intervenue depuis. Tout propriétaire, selon l'art. 1er de la loi de 1845, pourra obtenir la servitude d'aqueduc pour irriguer ses propriétés avec les eaux dont il a le droit de disposer. Rien ne limite le bienfait de l'irrigation aux propriétés riveraines. Par conséquent le riverain d'un cours d'eau non navigable est fondé à réclamer la servitude d'aqueduc pour utiliser au profit des héritages non riverains le volume d'eau dont il a le droit de disposer.

2° Le riverain peut avoir besoin de la servitude d'aqueduc même pour l'irrigation de ses propriétés riveraines. Supposons qu'il lui soit impossible d'établir une prise d'eau sur son propre fonds, on devra dans ce cas lui accorder le droit de lever l'eau sur le fonds d'un riverain supérieur, et d'obliger celui-ci à fournir la servitude d'aqueduc. Cette question que nous résolvons dans un sens favorable aux intérêts de l'irrigation est toutefois l'objet d'une vive controverse.

Notre derniere classe d'eaux comprend celles dont on jouit à titre de concessionnaire. Le droit d'en disposer, et par suite d'obtenir le passage pour leur conduite à travers les fonds intermédiaires appartient d'abord au propriétaire auquel l'administration a concédé une prise d'eau sur une rivière navigable ou flottable. Peu importe selon nous, que ce concessionnaire soit riverain ou non. Il a le droit de disposer des eaux qui sont séparées de ses propriétés par des héritages intermédiaires; dès lors il est dans les termes de la loi de 1845. — Le bénéfice de cette loi appartient encore à quiconque, riverain ou non, aurait acquis une prise d'eau soit du propriétaire d'une source, soit du riverain d'un cours d'eau non navigable ni flottable. Il est subrogé aux droits du concédant. L'administration n'aurait pas le droit de concéder une prise d'eau sur une rivière non navigable ni flottable, à moins qu'elle n'eût recours à l'expropriation pour cause d'utilité publique.

4. Sont exceptés de la servitude d'aqueduc certains fonds : « les maisons, cours, jardins, parcs et enclos attenant aux habitations. » (Art. 1ᵉʳ, 2ᵉ alinéa). Cette disposition est fondée sur le respect du domicile, et sur l'intérêt de la conservation des bâtiments et des travaux d'art.

Les maisons. — Cela doit s'entendre de toute sorte d'édifices, et non pas seulement des maisons d'habitation.

Bouillier.   11

La loi du 11 juillet 1847, a levé tous les doutes en employant l'expression plus large de *bâtiments*.

Pour être compris dans l'exception, il n'est nullement nécessaire que les cours, jardins et parcs soient clos, mais la condition d'attenance à l'habitation est indispensable.

Quant au point de savoir quel genre de clôture il faut pour constituer un enclos, c'est là une question de fait à décider d'après les circonstances perticulières à l'espèce et d'après les usages du pays. Il n'y a pas à s'inquiéter ici des définitions de l'enclos données par le Code pénal (art. 391) et par des lois spéciales, notamment par la loi sur la chasse. Ces définitions ne sont pas applicables hors de la matière pour laquelle elles ont été formulées.

Il a été jugé avec raison que les tribunaux ne pourraient autoriser le passage des eaux sur un chemin vicinal ou sur tout autre fonds dépendant du domaine public (Dijon, 4 juillet 1866). C'est à l'administration seule qu'il appartiendrait d'autoriser, à titre de permission précaire et toujours révocable, le passage des eaux à travers un fonds du domaine public.

5. Le propriétaire de l'héritage traverse recevra, dit la loi, une *juste* et *préalable* indemnité. Le mot *juste* est une pure redondance de style. Comme toutes les indemnités, celle-ci devra être égale au préjudice causé, sans le dépasser ni lui rester inférieure. Mais la loi exige que l'indemnité soit *préalable*. C'est là une disposition empruntée aux principes de l'expropriation; elle est exceptionnelle en matière de servitudes d'utilité publique. — Pas plus que quand il s'agit d'une expropriation, l'indemnité pour l'établissement de la servitude

d'aqueduc ne pourrait consister en rentes ou annuités.

Cette indemnité est indépendante de celle qui serait due accidentellement pour les dommages que causerait dans la propriété traversée une irruption des eaux, lorsque cette irruption proviendrait d'une négligence dans l'entretien ou le curage du canal.

6. Ce n'est pas une expropriation, mais une simple servitude que souffre le propriétaire du fonds traversé ; il garde donc la propriété du lit du canal.

Peut-il utiliser d'une manière quelconque les eaux conduites dans ce canal? Non, la loi de 1845 ne l'y ayant pas autorisé, il faut recourir au droit commun de l'article 644. Or, cet article n'est relatif qu'aux eaux qui suivent leur cours naturel, et ne s'applique pas à celles d'un canal creusé de main d'homme. — Nous refusons même absolument au riverain d'un canal d'aqueduc, le droit d'y puiser de l'eau pour ses besoins domestiques, ou d'y abreuver ses bestiaux contre le gré du propriétaire arrosant. Quoiqu'on puisse prétendre que ce dernier est sans intérêt pour se plaindre, l'exercice de semblables facultés donnerait lieu trop fréquemment à des contestations qu'il importe d'éviter.

7. Après avoir procuré le moyen de conduire les eaux destinées à l'irrigation jusqu'à la propriété qui en était séparée par des fonds intermédiaires, la loi devait pourvoir à l'écoulement de ces eaux. L'article 640 ne suffisait pas pour les écouler sur les fonds inférieurs. Cet article dispose : « que les fonds inférieurs sont assujettis envers ceux qui sont plus élevés, à recevoir les eaux qui en découlent naturellement, et sans que la main de l'homme y ait contribué. » Il n'établit donc pas la servitude pour les eaux qui seraient amenées sur le fonds

supérieur à l'aide d'un canal. Dès lors c'était une nécessité pour les auteurs de la loi de 1845, de régler par une disposition spéciale ce que deviendraient les eaux après qu'elles auraient servi à l'irrigation.

Article 2 : « Les propriétaires des fonds inférieurs devront recevoir les eaux qui s'écouleront des terrains ainsi arrosés, sauf l'indemnité qui pourra leur être due. — Seront également exceptés de cette servitude les maisons, cours, jardins, parcs et enclos attenant aux habitations. »

Il y a là bien moins une servitude nouvelle qu'une conséquence forcée de la servitude créée par l'art. 1er.

La loi n'a pas voulu, cela va sans dire, condamner à l'humidité les terrains inférieurs assujettis à l'écoulement. Lors donc que cet écoulement pourrait les corrompre s'il s'effectuait en suivant simplement la pente naturelle des fonds irrigués, le propriétaire arrosant sera tenu de construire, à ses frais (arg. de l'art. 698), un canal de dérivation, ou tout autre ouvrage de ce genre, pour diriger les eaux dont il se sera servi.

Il faut remarquer les termes impératifs de l'article 2 : « Les propriétaires des fonds inférieurs *devront recevoir.* » Les juges violeraient donc la loi si, en accordant à un propriétaire l'exercice de la servitude d'aqueduc, ils y mettaient pour condition qu'il ne déversera pas les eaux sur les fonds inférieurs. La servitude d'aqueduc entraîne virtuellement et comme conséquence indispensable, la faculté d'écoulement attribuée par l'article 2 (V. pourtant en sens contr. *Cass. Req.*, 13 janv. 1868).

A la différence de l'indemnité pour le passage des eaux, l'indemnité pour l'écoulement n'est pas due dans tous les cas. *Elle pourra être due*, dit le texte. C'est que le plus souvent l'écoulement des eaux sera pour le propriétaire inférieur un avantage et, non une cause de dommage.

8. L'article 3 de la loi du 29 avril 1845 sera étudié dans le chapitre suivant. Il nous reste maintenant à régler la compétence des diverses autorités pour les questions auxquelles peuvent donner lieu les servitudes établies par notre loi. C'est l'objet des articles 4 et 5.

Article 4 : « Les contestations auxquelles pourront donner lieu l'établissement de la servitude, la fixation des parcours de la conduite d'eau, de ses dimensions et de sa forme, et les indemnités dues, soit au propriétaire du fonds traversé, soit à celui du fonds qui recevra l'écoulement des eaux, seront portées devant les tribunaux, qui, en prononçant, devront concilier l'intérêt de l'opération avec le respect de la propriété. — Il sera procédé devant les tribunaux comme en matière sommaire, et, s'il y a lieu à expertise, il pourra n'être nommé qu'un seul expert. »

Article 5. « Il n'est aucunement dérogé par les présentes dispositions aux lois qui règlent la police des eaux. »

Voici comment s'exercera le compétence respective des tribunaux et de l'administration en cette matière : Lorsqu'il y aura contestation entre le propriétaire qui veut conduire l'eau jusqu'à son héritage, et le propriétaire du terrain sur lequel il faudra faire passer l'eau, les tribunaux seuls seront compétents. Si au contraire le débat existe entre les riverains, si, par exemple, quelques-uns se prétendent lésés par l'usage qu'on veut faire de l'eau en vertu de la loi de 1845, soit parce que cet usage diminuerait à leur préjudice le volume de l'eau, soit parce qu'il en modifierait le cours, ou qu'il porterait atteinte à des règlements déjà existants, les tribunaux et l'administration se partageront la compétence suivant les règles du droit commun.

Rappelons que, lorsque l'administration aura fait des règlements d'eau entre les riverains, ces règlements seront obligatoires pour les tribunaux, qui devront s'y conformer en appréciant les droits des parties.

Section 2. — De la servitude d'appui (loi du 11 juillet 1847).

1. Quel est le but de cette servitude?
2. Analogie entre cette servitude et la servitude précédente.
3. Quels sont ceux qui peuvent demander l'exercice du droit d'appui?
4 De la faculté de réclamer l'usage commun du barrage.
5. Compétence des tribunaux pour les contestations auxquelles peut donner lieu la servitude d'appui
6. Le droit de police des eaux, qui appartient essentiellement à l'administration, ne reçoit aucune atteinte de la loi du 11 juillet 1847.

1. Une seconde servitude en faveur des irrigations était vivement réclamée. Elle a été créée par la loi du 11 juillet 1847, qui forme le complément de la loi du 29 avril 1845. Le droit d'irrigation demeurerait stérile si, comme cela arrive souvent, les cours d'eau ne sont pas au niveau des propriétés riveraines et sont un peu au-dessous. Il faut donc que le propriétaire puisse, par des moyens artificiels, surélever le niveau des eaux jusqu'à la hauteur de son terrain; la loi du 11 juillet 1847 lui en donne la facilité.

Article 1ᵉʳ. « Tout propriétaire qui voudra se servir, pour l'irrigation de ses propriétés, des eaux naturelles dont il a le droit de disposer, pourra obtenir la faculté d'appuyer sur la propriété du riverain opposé les ouvrages d'art, nécessaires à sa prise d'eau, à la charge d'une juste et préalable indemnité. — Sont exceptés de cette servitude les bâtiments, cours et jardins attenants aux habitations. »

2. Cette disposition est, on le voit, conçue dans les mêmes vues et dans les mêmes termes que l'article 1er de la loi de 1845.

Comme le droit d'aqueduc, le droit d'appui n'existe pas par le seul effet de la loi ; les tribunaux sont armés du pouvoir discrétionnaire de repousser toute demande qui ne serait pas fondée sur un intérêt réel et sérieux d'irrigation, ou qui aurait de trop grands dommages pour les propriétés du voisin.

De même que la servitude d'aqueduc, la servitude d'appui ne peut être accordée que pour l'irrigation, et non pour un usage d'industrie ou de pur agrément.

Notons un seul point de différence entre la disposition constitutive de la servitude d'appui et l'article 1er de la loi de 1845. Les exemptions sont moins larges ici que pour la servitude d'aqueduc. Les parcs et enclos qui étaient affranchis de cette dernière sont soumis à la servitude d'appui. On a pensé que la servitude d'appui étant moins gênante que la servitude de conduite des eaux, il n'y avait nul inconvénient à laisser les parcs et enclos dans la règle commune.

3. Au profit de qui peut être autorisée la servitude d'appui ? Il faut nous référer aux explications données à propos de la servitude d'aqueduc. La loi de 1847, pas plus que celle de 1845, n'accorde des droits nouveaux à la propriété ou à la jouissance des eaux ; elle se borne à faciliter l'usage de celles dont on a la disposition, d'après les règles du droit commun.

Un amendement de M. Pascalis proposait de remplacer les termes de la loi: « *la faculté d'appuyer sur la propriété du riverain opposé* », par les expressions suivantes: « *la faculté d'appuyer sur la propriété des riverains.* L'objet de cet amendement était d'étendre le droit d'appui au propriétaire non riverain qui aurait obtenu de l'administration une prise d'eau. Mais la Chambre des députés n'a pas accepté l'amendement, par le motif que sur les rivières non navigables ni flottables l'administration n'a pas qualité pour faire des concessions d'eau, sauf, bien entendu, la ressource de l'expropriation.

Il s'ensuit que le droit d'appui ne peut être réclamé que par un propriétaire riverain, ou par le concessionnaire d'un riverain.

4. La faculté d'appui est réciproque, et chacun des riverains a le droit de l'invoquer contre le riverain opposé. C'est en raison de cette situation qu'a été introduit l'art. 2 de la loi, dont voici les termes :

« Le riverain sur le fonds duquel l'appui sera réclamé pourra toujours demander l'usage commun du barrage, en contribuant pour moitié aux frais d'établissement et entretien; aucune indemnité ne sera respectivement due dans ce cas, et celle qui aurait été payée devra être rendue. — Lorsque cet usage commun ne sera réclamé qu'après le commencement ou la confection des travaux, celui qui le demandera devra supporter seul l'excédant de dépense auquel donneront lieu les changements à faire au barrage pour le rendre propre à l'irrigation des deux rives.

Cette espèce de communauté du barrage se justifie d'elle-même: elle est pour les deux propriétaires une économie de frais, et de plus, en diminuant le nombre des barrages, elle est utile aux riverains inférieurs.

L'article prévoit deux hyppothèses; dans la prémière, l'usage commun est réclamé avant l'établissement du barrage; alors il est tout simple que chacun des riverains supporte la moitié des frais. Et celui qui aurait reçu une indemnité doit la restituer, puisqu'il n'y a lieu de part ni d'autre à indemnité.

Dans la seconde hypothèse, l'usage commun étant réclamé lorsque les travaux sont achevés ou du moins en cours d'exécution, l'équité veut que celui qui va occasionner de nouvelles dépenses pour la destination commune du barrage, soit le seul à supporter cet excédant. C'est ainsi que le voisin qui demande l'exhaussement du mur mitoyen doit payer seul les frais de cet exhaussement qui n'a lieu que dans son intérêt (art. 658).

Bien souvent un certain nombre de personnes bénéficieront de l'établissement du barrage sans être tenues à aucune contribution de frais. La surélévation des eaux sera dans beaucoup de cas un avantage pour les propriétaires des fonds supérieurs. Elle pourra profiter aussi au riverain qui n'a pas participé à l'établissement du barrage; cette circonstance fera sans doute réduire ou même supprimer totalement l'indemnite qui lui sera due, mais elle ne l'obligera pas à contribuer aux frais d'établissement ni d'entretien du barrage. Il use d'une faculté naturelle en profitant indirectement d'un état de choses qu'il n'a ni provoqué ni sollicité.

5. Quant aux contestations auxquelles peut donner lieu l'application de la servitude d'appui, la loi du 11

juillet 1847 reproduit dans son art. 3 la disposition de l'art. 4 de la loi précédente. Elle proclame la compétence des tribunaux en déclarant qu'il sera procédé comme en matière sommaire. — S'il y a lieu à expertise, il pourra n'être nommé qu'un seul expert.

6. Enfin, comme la loi précédente, la loi du 11 juillet 1847 dispose dans son article final qu'il n'est aucunement dérogé aux lois sur la police des eaux. Il résulte de là que pour exercer la servitude d'appui, il ne suffit pas d'y être autorisé par les tribunaux; il faut aussi obtenir l'agrément du pouvoir administratif. Quelle que soit la solution de la question de savoir à qui appartiennent les rivières non navigables ni flottables, il est certain que l'Etat exerce sur elles un droit de police. Un riverain ne peut établir des travaux d'art sur le cours d'eau sans en avoir obtenu la permission de l'administration, et c'est seulement lorsqu'il se sera muni de cette autorisation préalable qu'il est en droit de s'adresser aux tribunaux pour réclamer la faculté d'appui.

CHAPITRE VII.

DE LA SERVITUDE ETABLIE POUR L'ÉCOULEMENT DES EAUX NUISIBLES (art. 3 de la loi du 29 avril 1845), ET POUR L'ÉCOULEMENT DES EAUX PROVENANT DU DRAINAGE (loi du 15 juin 1854).

1. L'article 3 de la loi du 29 avril 1845 établit une servitude pour l'écoulement des eaux provenant d'un terrain submergé.
2. Difficultés qui s'elevèrent dans la pratique.
3. Objet de la loi du 15 juin 1854.

4. L'article 1er de la loi du 15 juin 1854 laisse subsister l'article 3 de la loi du 29 avril 1845.

5. La loi de 1854, comme la loi précedente, n'est applicable qu'aux besoins de l'assainissement agricole, et ne saurait être invoquée dans un intérêt industriel.

6. Comment concilier la loi du 15 juin 1854 avec celle du 16 septembre 1807 ?

7. La servitude de drainage est purement légale : son établissement n'est pas subordonne au pouvoir discrétionnaire des tribunaux.

8. Le passage des eaux peut avoir lieu souterrainement ou à ciel ouvert.

9. De l'indemnité due au propriétaire du fonds servant.

10. De la faculté accordée par l'article 2 aux voisins du fonds drainé.

11. Dispositions finales de la loi de 1854. Compétence du juge de paix.

1. Dans les explications précédemment données sur la loi du 29 avril 1845, nous avons laissé de côté l'article 3 de cette loi. Cet article contient en effet une disposition entièrement étrangère aux irrigations, et qui fut pour ainsi dire improvisée au milieu des débats. L'objet primitif de la loi de 1845, lequel était de faciliter l'arrosage des terrains stériles, suggéra l'idée de remédier par le même moyen à un mal tout contraire, à la trop grande humidité des terres où séjournent des eaux stagnantes. Un membre (M. Levavasseur) proposa un amendement qui devint l'article 3 de la loi. En vertu de ce texte, la faculté de conduire les eaux à travers les fonds intermédiaires qui était organisée pour l'irrigation par les articles 1 et 2, pourra être accordée aussi : « *au propriétaire d'un terrain submergé en tout ou en partie, à l'effet de procurer aux eaux nuisibles leur écoulement.*

Il résulte des premiers mots de l'article 3 : *la même faculté de passage* que cette servitude ainsi établie pour l'écoulement des eaux nuisibles jusqu'au lieu où elles doivent se perdre est complètement assimilée à la servitude d'aqueduc. Il dépend des tribunaux de l'accorder ou de la refuser. Elle n'a lieu qu'à la charge d'une juste et préalable indemnité. Les mêmes fonds, maisons, cours, jardins, etc., en sont exceptés. Les règles de compétence portées par les derniers articles de la loi de 1845 sont relatives aussi bien à cette servitude qu'à celle d'aqueduc.

Ce droit d'écoulement n'est créé que pour les cas où il serait rendu nécessaire par une cause naturelle, telle que l'humidité du sol, la chute des pluies, la fonte des neiges, le débordement d'une source ou d'un torrent. Il ne serait pas applicable, — et les tribunaux devraient toujours le refuser, — si la submersion du fonds supérieur était le résultat d'un fait purement volontaire de la part de son propriétaire (Cass. Req. 13 janv. 1868). Serait donc non recevable toute demande à fin d'écouler les eaux qui ont envahi le fonds à la suite du forage d'un puits artésien, ou qui séjournent en se déversant d'un établissement industriel.

2. Dans la pratique, la servitude d'écoulement des eaux nuisibles n'atteignit pas le but que s'était proposé le législateur en 1845 : on ne tarda pas à s'apercevoir qu'elle était loin de correspondre à tous les besoins de l'assainissement. L'industrie agricole s'était enrichie d'un mode nouveau de dessèchement, *le drainage*, opération qui consiste à placer dans un terrain des séries régulières de tuyaux pour enlever l'humidité par le sous-sol. Devant ces nouveaux procédés l'article 3 de la loi du 29 avril 1845 était insuffisant. Il faut ajouter aussi que des difficultés s'étaient présentées sur l'interprétation de ce texte. On l'avait généralement entendu dans le cas le plus restrictif. Les tribunaux donnant au mot *submergé* sa définition étroite n'accordaient la servitude que dans l'hypothèse d'un terrain inondé et cou-

vert d'eau ; ils en refusaient l'application lorsque le terrain était seulement humide ou argileux.

Et ce qui causait encore d'autres complications, c'est que l'article 3 de la loi de 1845 paraissait inconciliable avec la loi du 16 septembre 1807 sur le desséchement des marais. Lorsqu'un propriétaire voulait assécher son fonds, il invoquait la servitude d'écoulement créée par notre article 3 ; les voisins sur lesquels devaient être déversées les eaux résistaient en alléguant que dans l'espèce c'était la loi de 1807 qui était seule applicable. La Cour de cassation décidait que l'article 3 de la loi du 29 avril 1845 pouvait être invoqué seulement lorsque le terrain à dessécher était submergé d'une façon accidentelle et temporaire, mais qu'il y avait lieu de recourir aux dispositions de la loi de 1807 quand il s'agissait d'un terrain habituellement couvert d'eau, c'est-à-dire d'un *marais* (Cass., 26 mars 1849).

3. Une intervention nouvelle du législateur était devenue indispensable ; elle donna naissance à la loi du 15 juin 1854 *sur le libre écoulement des eaux provenant du drainage*. « Le principe dominant de cette loi, nous dit le rapporteur M. Gareau, c'est que l'asséchement est d'intérêt général, et que dans certaines circonstances il peut devenir d'utilité publique. » En conséquence, la loi du 15 juin 1854 organise une double série de mesures : premièrement elle impose à la propriété les charges nécessaires pour procurer l'écoulement des eaux du drainage ; en second lieu, elle s'occupe de la formation des propriétaires en syndicats pour les entreprises de drainage. Les règles relatives à ces associations syndicales sont en dehors du cadre de notre travail ; nous n'avons à étudier dans la loi du 15 juin 1854 que la ser-

vitude imposée aux propriétaires voisins du fonds à drainer. Cette servitude est créée par l'article 1er dont voici les termes :,

« Tout propriétaire qui veut assainir son fonds par le drainage ou un autre mode d'asséchement, peut, moyennant une juste et préalable indemnité, en conduire les eaux, souterrainement ou à ciel découvert, à travers les propriétés qui séparent ce fonds d'un cours d'eau ou de toute autre voie d'écoulement. — Sont exceptés de cette servitude les maisons, cours, jardins, parcs et enclos attenant aux habitations.

4. Cette rédaction est beaucoup plus large que celle de l'art. 3 de la loi du 29 août 1845. Elle prévoit toutes les hypothèses d'assainissement agricole, et, par suite, elle écarte toutes les difficultés qui s'étaient élevées sur l'art. 3.

Une question, plus doctrinale que pratique, est celle de savoir si cet art. 3 subsiste encore depuis la loi du 15 juin 1854. On peut supposer que le propriétaire qui veut assainir son fonds tienne à invoquer préférablement l'art. 3 de la loi du 29 avril 1845, en laissant de côté la loi du 15 juin 1854. L'art. 3 le placerait sous la juridiction des tribunaux de première instance, au lieu que la loi du 15 juin 1854, nous le verrons plus loin, attribue la compétence au juge de paix. Cette espèce n'est pas de nature à se présenter fréquemment dans la pratique ; car il est peu probable que le dessécheur aille de son plein gré s'exposer aux lenteurs et aux frais des tribunaux ordinaires. Mais enfin elle n'est pas impossible, et nous devons l'examiner. Nous ne croyons pas que l'art. 3 de la loi du 29 avril 1845 soit abrogé par la loi du 15 juin 1854. Il est vrai que cette loi le rend

inutile en fait, mais elle ne l'abroge pas expressément.
L'abroge-t-elle implicitement? Pas davantage. Elle ne
renferme pas de dispositions inconciliables avec lui; elle
ne fait que le préciser et le développer. Donc, par une
sorte de redondance, l'art. 3 de la loi du 29 avril 1845
et l'art. 1ᵉʳ de la loi du 15 juin 1854 existent à côté l'un
de l'autre; et les particuliers sont libres de choisir entre
ces deux textes.

5. L'art. 1ᵉʳ de la loi du 15 juin 1854 remplace les
mots *terrain submergé*, qui étaient dans la loi du
29 avril 1845, par l'expression plus compréhensive de
fonds à assainir. Il faut en conclure que la servitude d'é-
coulement s'appliquera, quelle que soit la nature du
fonds à dessécher, qu'il s'agisse d'un marais, d'un étang
ou d'un terrain momentanément inondé, ou d'un sol
argileux, humide, etc.

Mais elle ne peut être réclamée que pour un intérêt
agricole, pour l'amélioration de la culture des terres;
elle ne saurait l'être pour un but industriel comme
l'asséchement d'un terrain en nature de mine. Ce serait
aller contre la volonté du législateur, qui n'avait en
vue que l'intérêt de l'agriculture.

6. La conciliation de la loi du 15 juin 1864 avec celle
du 16 septembre 1807 ne présente pas de difficultés. La
loi nouvelle ne porte aucune atteinte à la loi de 1807;
elle se borne à fournir une commodité de plus aux
agriculteurs. Ces deux lois, sans se contredire, renferment deux systèmes parallèles. Pour opérer un desse-
chement de marais, il sera loisible aux propriétaires
d'user soit de la loi de 1807, soit de celle du 15 juin 1854.
Lorsqu'il y aura un propriétaire unique, il invoquera
de préférence le bénéfice de cette dernière loi; quand il

s'agira de travaux d'ensemble intéressant un grand nombre de propriétaires et comprenant une vaste étendue de terrains, il sera peut-être nécessaire de mettre en mouvement toutes les autorités et toutes les formes organisées par la loi de 1807. Cette explication est conforme à l'opinion émise au Corps législatif par M. Rouher, commissaire du gouvernement.

7. A la différence de la servitude qu'établissait l'article 3 de la loi du 29 avril 1845, la servitude de l'article 1er de la loi du 15 juin 1854 existe de plein droit. La comparaison entre la rédaction de ces deux articles le démontre nettement. Tandis que la loi de 1845 porte que le propriétaire qui demande soit la servitude d'aqueduc, soit la servitude d'écoulement des eaux nuisibles, *pourra l'obtenir*, l'art. Ier de la loi de 1854 est conçu en des termes impératifs qui excluent le pouvoir discrétionnaire des tribunaux : « *tout propriétaire . . . . . . peut conduire les eaux. . . . . . .* — C'est donc là une servitude purement légale, comme celle de l'art. 682. On en jouit sans avoir à s'adresser aux tribunaux, et par le seul effet de la loi. Un des commissaires du gouvernement, M. Heurtier, l'a formellement déclaré dans la discussion du projet.

Cependant, les voisins sur lesquels le propriétaire qui draine son terrain voudra opérer l'écoulement de ses eaux, pourront se défendre en prétendant que ce propriétaire n'est pas dans les termes de la loi, qu'il n'y a nulle nécessité pour lui d'aller à travers les propriétés qui l'en séparent chercher des cours d'eau ou autres voies d'écoulement, attendu qu'il en existe sur le fonds même à drainer. Les tribunaux alors devront vérifier le fait ; et, s'il y avait sur ce fonds quelque voie d'écoulement, ils déclareraient que l'opérateur n'étant pas dans les conditions exigées par la loi, n'a pas le droit d'user de la servitude. Dans cette appréciation, les tribunaux devraient s'inspirer des mêmes principes que pour l'interprétation de l'art. 682. Il y a effectivement une évidente analogie entre la servitude pour l'écoulement des eaux du drainage et la servitude de passage en cas d'enclave; les eaux du drainage qui ne rencontrent aucune voie d'écoulement sur le fonds même d'où elles proviennent se trouvent comme enclavées. Or, nous l'avons admis sous l'art. 682, il n'est pas nécessaire pour qu'un fonds soit réputé à l'état d'enclave, qu'il soit absolument dépourvu d'issue sur la voie publique; il suffit qu'il soit privé d'une issue praticable. De même, il y aurait pour le propriétaire du fonds à drainer nécessité de diriger ses eaux sur les propriétés voisines, s'il ne pouvait les faire écouler par les voies qui existent sur son propre fonds sans éprouver des difficultés et des obstacles tels qu'ils équivalent à une impossibilité (Cass. Req., 1er juin 1863). En somme, c'est une question laissée à l'appréciation des magistrats que de décider s'il y a sur le fonds à drainer absence de voies d'écoulement dans le sens de l'art. 1er de la loi du 15 juin 1854. L'article 5 de la loi leur confère expressément ce pouvoir en remettant entre leurs mains le jugement des contestations sur l'*établissement de la servitude*. Mais, une fois que les magistrats ont constaté le fait d'absence de voies d'écoulement, ils n'ont pas le droit de refuser l'exercice de la servitude sous le prétexte, par exemple, qu'elle serait trop onéreuse pour les propriétés voisines.

8. Les eaux provenant du drainage pourront être écoulées, la loi s'en remet là-dessus au gré du propriétaire opérateur, *souterrainement ou à ciel ouvert*. « Com-

ment prévoir dans une loi, dit le rapport de M. Gareau, tous les cas qui peuvent exiger que le passage des eaux soit établi de l'une ou de l'autre façon? Il est évident que le propriétaire du fonds supérieur aura toujours avantage à établir son passage souterrainement tant que cela lui sera possible, l'indemnité qu'il aura à payer au fonds inférieur étant d'autant moins grande qu'il porte un moindre préjudice à ce fonds. »

9. Le propriétaire assujetti à la servitude de drainage a droit à une indemnité. Comme celle qui est due pour l'établissement des servitudes d'aqueduc et d'appui, cette indemnité est *préalable*. Elle n'a ce caractère qu'à la condition d'être entièrement acquittée avant l'entreprise des travaux de drainage ; elle ne pourrait pas consister en une somme à toucher successivement d'année en année. (Cass., 14 décembre 1859.)

Les mêmes exceptions que dans la loi de 1845 sont apportées ici par les mêmes motifs à la servitude de drainage, en faveur des mêmes fonds : maisons, cours, jardins, parcs et enclos attenant aux habitations.

10. Les voisins qui souffrent l'écoulement des eaux du drainage peuvent avoir besoin, eux aussi, d'assainir leurs propriétés. Voici la faculté que leur accorde, ainsi du reste qu'aux autres voisins non grevés de la servitude, l'art. 2 de la loi du 15 juin 1854 : « Les propriétaires de fonds voisins ou traversés ont la faculté de se servir des travaux faits en vertu de l'article précédent, pour l'écoulement des eaux de leurs fonds. — Ils supportent dans ce cas : 1° une part proportionnelle dans la valeur des travaux dont ils profitent ; 2° les dépenses résultant des modifications que l'exercice de cette faculté peut rendre nécessaires ; et 3° pour l'avenir une part contributive dans l'entretien des travaux devenus communs. »

Ces dispositions sont de nature à inciter vivement au drainage les propriétaires voisins du fonds qui vient d'être asséché, en leur procurant une grande économie de frais, puisqu'ils seront ainsi dispensés de construire un drain collecteur pour diriger les eaux provenant de leurs drains d'asséchement. Les conditions auxquelles est soumis l'exercice de la faculté accordée par l'art. 2 étaient commandées par la plus rigoureuse équité. Il n'y a rien de particulier à dire sur la première ni sur la dernière de ces conditions. Il est tout simple que l'on paye sa part des travaux dont on profite après coup, et que l'on contribue désormais à leurs frais d'entretien. Quant à la seconde condition, elle se justifie par les raisons suivantes : « L'accession tardive de nouveaux drains peut déterminer une abondance d'eau trop grande pour le diamètre du collecteur. La dimension aura été calculée sur la quantité d'eau qu'il était destiné à recevoir et à transmettre ; de là dommage pour le proprietaire du champ originairement drainé, dont les eaux arrêtées dans le collecteur feront obstacle au passage de celles amenées par le drain d'asséchement. Lequel de ces deux propriétaires devra supporter la dépense causée par les modifications ou changements rendus nécessaires ? L'équité répond que c'est le propriétaire venu en second lieu. » (Exposé des motifs.)

11. La loi de 1854 se termine par des règles de compétence et par des mesures protectrices des travaux de drainage.

Article 5 : « Les contestations auxquelles peuvent donner lieu l'établissement et l'exercice de la servitude, la fixation du parcours des eaux, l'exécution des travaux de drainage ou d'asséchement, les indemnités

et les frais d'entretien, sont portées en premier ressort
devant le juge de paix du canton, qui, en prononçant,
doit concilier les intérêts de l'opération avec le respect
dû à la propriété. — S'il y a lieu à expertise, il pourra
n'être nommé qu'un seul expert. »

Article 6 : « La destruction totale ou partielle des con-
duits d'eau ou fossés évacuateurs est punie des peines
portées à l'art. 456 du Code pénal. — Tout obstacle
apporté volontairement au libre écoulement des eaux
est puni des peines portées par l'art. 457 du même
Code. — L'art. 463 du Code pénal peut être appliqué. »

Article 7 : « Il n'est aucunement dérogé aux lois qui
règlent la police des eaux. »

La compétence a été attribuée au juge de paix, parce
que la justice des tribunaux ordinaires était trop lente
et trop coûteuse. Or, il importe à l'industrie agricole
d'opérer avec promptitude et economie On avait même
constaté, dans les documents officiels, que si les lois
de 1845 et 1847 n'avaient pas donné aux irrigations
tout le développement que l'on espérait, la cause prin-
cipale en était dans le système de juridiction établi.

La compétence spéciale du juge de paix, en matière
de drainage, tient à l'ordre public. Si les parties se
mettaient d'accord pour porter leurs contestations devant le tribunal de première instance, celui-ci devrait
se déclarer incompétent (Besançon, 10 mars 1868.)

Les lois de 1845 et de 1847 ayant l'une et l'autre déclaré, ce qui était inutile, dans leur disposition finale
qu'il n'était pas dérogé aux règles sur la police des
eaux, le législateur de 1854 a cru devoir faire expressément une semblable réserve, de peur que l'on ne
tirât quelque argument *à contrario* de son silence.

APPENDICE.

PEUT-IL ÊTRE QUESTION DE TRANSCRIPTION EN MATIÈRE DE
SERVITUDES D'UTILITÉ PUBLIQUE?

Toutes les servitudes que nous venons d'étudier, et généralement toutes les servitudes d'utilité publique, sont étrangères au régime de la transcription. Il ne peut être question de publicité pour l'acte constitutif de ces servitudes, puisqu'ici il n'y a pas d'autre acte constitutif que la loi elle-même.

Notre proposition est incontestable pour l'immense majorité des servitudes d'utilité publique. Elle ne souffre de difficultés qu'à propos d'un petit nombre d'entre elles. Il y a plusieurs servitudes d'utilité publique pour l'établissement desquelles l'autorité judiciaire est appelée — ou paraît appelée — à jouer un certain rôle. On peut se demander si ces servitudes existent en vertu de la loi, ou en vertu d'un contrat judiciaire. Au premier cas, point de transcription ; au second cas, elles seraient soumises à cette formalité comme les servitudes ordinaires.

La question s'élève d'abord au sujet des servitudes créées en faveur de l'irrigation par les lois du 29 avril 1845 et du 11 juill. 1847. On se rappelle les termes facultatifs qui sont employés par ces lois : « *Tout propriétaire... pourra obtenir...* » Les tribunaux ont donc un certain pouvoir d'appréciation pour accorder ou refuser les servitudes d'aqueduc ou d'appui. Nous ne croyons pas cependant que ce soient des servitudes *judiciaires*. Le propriétaire qui veut en user les tient directement de la loi ; seulement, comme rien n'est plus délicat que les questions relatives à la propriété des eaux et à l'irrigation, la loi exige de lui qu'avant tout exercice de la servitude il obtienne l'autorisation des tribunaux. Les tribunaux vérifieront si ce propriétaire se trouve dans les conditions requises par la loi pour jouir de la servitude : s'il a le droit de disposer des eaux qu'il destine à l'irrigation, si les opérations projetées présentent un caractère sérieux, si elles ont pour but l'arrosage des propriétés, et non les besoins de l'industrie, etc. Lorsque les tribunaux ont constaté que ledit propriétaire est dans l'hypothèse prévue par la loi, ils commettraient un excès de pouvoir en lui refusant sous un prétexte quelconque l'exercice de la servitude. Si, par exemple, ils le lui refusaient, par le motif que le passage des eaux serait trop onéreux pour les fonds intermédiaires, cette décision serait sujette à cassation. — En résumé, les servitudes pour l'irrigation sont des servitudes *légales ;* les tribunaux ne *les constituent* pas ; ils ont seulement à autoriser leur mise en action. Ces servitudes échappent donc à la transcription (V. en sens contr. Mourlon, *De la Transcr.*, I, p. 315).

Dans l'opinion de plusieurs auteurs, la servitude de passage au cas d'enclave ne serait pas une servitude établie par la loi, mais une servitude établie par la voie judiciaire (MM. Valette ; — Mourlon, *loc. cit.*). Nous nous sommes déjà efforcé de réfuter ce système qui nous paraît difficilement soutenable en présence du langage impératif de l'article 682 : « Le propriétaire dont les fonds sont enclavés..... *peut réclamer.* » Selon nous, il résulte de là que ce propriétaire reçoit la servitude de passage directement et immédiatement de la loi ; il est en droit de l'exercer avant toute intervention des tribunaux. Assurément, s'il s'élève quelques contestations sur le droit à la servitude, sur l'assiette et le mode d'exercice du passage, sur l'indemnité qui peut être aue, il faudra recourir à un jugement ou à un contrat amiable. Mais, ni ce jugement ni ce contrat ne seront des titres constitutifs de la servitude; ils ne formeront qu'un règlement fait pour l'exécution de la servitude constituée par la loi. Ici encore nous déciderons qu'il n'y a pas lieu à transcription.

Quant à la servitude pour l'écoulement des eaux provenant du drainage, M. Mourlon lui-même, qui soumettait à la transcription les servitudes de l'article 682 et des lois sur l'irrigation, déclare qu'elle ne doit pas être transcrite, puisque c'est une servitude établie uniquement par la loi. Il nous semble en effet impossible de soutenir une autre opinion devant les termes de l'article 1er de la loi du 15 juin 1854 : « Tout propriétaire qui veut assainir son fonds.... *peut* conduire les eaux. »

Au point de vue législatif, est-il regrettable que les servitudes pour l'irrigation, que la servitude de l'article 682 et la servitude de drainage échappent à la formalité de la transcription? Nullement; il n'existe pas de dangers sérieux pour le tiers acquéreur du fonds assujetti à de semblables servitudes. Les servitudes d'aqueduc et d'appui ne présentent-elles pas un caractère de continuité et d'apparence tel que ce tiers s'en aperçoive, même en l'absence d'une déclaration de la part de son vendeur? En ce qui concerne la servitude de passage au cas d'enclave, si elle ne se révèle pas aussi manifestement que les précédentes, n'est-il pas néanmoins facile de découvrir son existence? L'acquéreur, en examinant l'état des lieux, reconnaîtra que le fonds est environnant d'une enclave; dèss lors, comme nous ne pouvons pas légitimement supposer qu'il ignore l'article 682, son attention sera éveillée par ce fait, et il devra s'informer si le passage au profit de l'enclave ne s'exerce pas sur le fonds qu'il prétend acquérir, et si, dans ce cas, l'indemnité due a été déjà payée.

Quant à la servitude de drainage, le tiers acquéreur du fonds grevé sera exposé à l'ignorer, lorsqu'elle s'exercera *souterrainement*, comme le permet l'article 1er de la loi de 1854 ; mais l'inconvénient ne sera pas grand, car cette servitude n'est que momentanée. D'ailleurs, à l'acquéreur qui n'aurait pas connu l'existence de la servitude, il resterait la ressource de recourir contre son vendeur.

POSITIONS.

DROIT ROMAIN.

1. Les servitudes prédiales se distinguent en servitudes rustiques et servitudes urbaines, selon qu'elles impliquent ou non l'idée de construction.

2. L'*actus* ne contient pas nécessairement l'*iter*.

3. La servitude *viæ* impose au fonds servant l'existence d'un chemin.

4. Les servitudes pouvaient être constituées *ipso jure* sous condition suspensive, au moyen d'un legs.

5. Justinien a maintenu la nécessité de la quasi-tradition pour l'établissement des servitudes *pactis et stipulationibus*.

6. Celui qui intente l'action négatoire doit prouver l'inexistence de la servitude.

7. L'interdit *uti possidetis* peut être invoqué par le propriétaire qui veut protéger son fonds contre l'exercice d'une servitude.

8. Lorsqu'une voie publique devient impraticable, aucune indemnité n'est due aux propriétaires riverains pour la servitude de passage dont ils sont grevés.

9. Même à l'époque classique, le *jussus judicis* pouvait dans certains cas être exécuté *manu militari*.

DROIT CIVIL.

1. Les servitudes établies par les articles 643, 663, 674 et 682 du Code civil sont de véritables servitudes d'utilité publique.

2. Serait nulle la convention par laquelle deux propriétaires voisins s'engageraient à ne jamais user l'un contre l'autre du droit accordé par l'article 663.

3. L'un des voisins, après avoir construit un mur en entier sur son propre terrain et à ses frais. ne peut invoquer l'article 663 pour forcer l'autre voisin à acquérir la mitoyenneté de ce mur.

4. Le propriétaire contre lequel est invoqué l'art. 663 ne peut pas se soustraire à l'obligation imposée par cet article en abandonnant soit la mitoyenneté du mur déjà existant, soit la moitié du sol nécessaire a la construction du mur qui n'existe pas encore.

5. La servitude établie par l'article 682 ne peut être invoquée lorsque l'enclave provient de la division d'un fonds qui dans son intégrité avait accès sur la voie publique.

6. La servitude légale de passage prend fin lors de la cessation de l'enclave.

7. Dans le cas de l'article 682, l'exercice trentenaire peut déterminer l'assiette et les conditions du passage.

8. La prescription de l'indemnité due pour la servitude de passage au cas d'enclave court à partir du jour où le passage a été exercé.

9. Le propriétaire d'un cours d'eau non navigable ni flottable peut, sans le consentement des autres riverains, employer pour l'irrigation de ses propriétés non riveraines le volume d'eau auquel il a droit.

10. Le même propriétaire pourrait aussi concéder son droit de prise d'eau à un tiers non riverain.

11. Le propriétaire qui a possédé pendant trente ans des fenêtres sur son terrain à une distance inférieure à celle que prescrivent les articles 678 et 679, n'a pas acquis par là le droit d'empêcher son voisin d'élever, soit sur son propre terrain, soit sur un mur mitoyen, un bâtiment qui rende inutile l'usage de ces fenêtres.

12. Ne sont pas soumis à la transcription les jugements ou conventions par lesquels aurait été obtenue la servitude de l'article 682, ou l'une des servitudes établies par les lois du 29 avril 1845, du 14 juillet 1847, et du 15 juin 1854.

DROIT ADMINISTRATIF.

1. En principe, les servitudes d'utilité publique ne donnent pas droit à indemnité.

2. La surface de la mine est grevée d'une servitude légale au profit de l'exploitation. Cette servitude permet au propriétaire de la mine de pratiquer à la surface tous les travaux et ouvrages nécessaires à l'exploitation.

3. La double indemnité établie par les articles 43 et 44 de la loi du 21 avril 1810 n'est accordée que pour les dommages causés à raison de l'exercice de la servitude légale dont la surface est grevée au profit de la mine.

HISTOIRE DU DROIT.

1. Les interdits quasi-possessoires n'ont été créés que postérieurement à l'origine du système formulaire.

2. Les servitudes d'utilité publique imposées par d'anciens *usages* locaux subsistent encore aujourd'hui lorsqu'elles n'ont été ni expressément ni implicitement abrogées.

DROIT DES GENS.

1. Les bois de construction doivent être considérés comme contrebande de guerre.

2. Les belligérants n'ont pas le droit de faire visiter les navires neutres escortés par un ou plusieurs bâtiments de guerre.

DROIT CRIMINEL.

1. Le complice d'un vol commis entre ascendants ou descendants ou entre conjoints est punissable.

2. Un individu acquitté en Cour d'assises peut être traduit en police correctionnelle à raison du même fait qualifié différemment.

Vu par le Président de la thèse,
C. BUFNOIR.

Vu par le Doyen de la Faculté,
G. COLMET-DAAGE.

Vu et permis d'imprimer,
Le Vice-Recteur de l'Académie de Paris,
A. MOURIER.

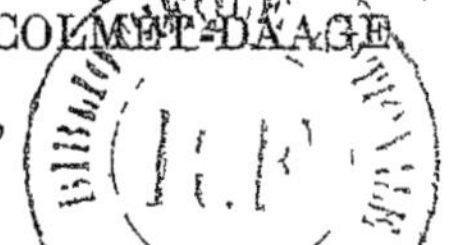

TABLE DES MATIÈRES

DROIT ROMAIN.

DROIT FRANÇAIS.

PREMIÈRE PARTIE.

DES SERVITUDES D'UTILITE PUBLIQUE EN GENÉRAL.

SECONDE PARTIE.

DES SERVITUDES ÉTABLIES PAR LA LOI ENTRE PROPRIETAIRES VOISINS DANS UN BUT D'UTILITÉ PUBLIQUE.

Paris. A. Parent, imprimeur de la Faculté de Médecine, rue M.-le-Prince, 31.